U0957057

# 海峡两岸辛亥革命著述书目

## （1911—2011）

海峡两岸出版交流中心
华中师范大学中国近代史研究所 编

九州出版社 JIUZHOUPRESS | 全国百佳图书出版单位

**图书在版编目（CIP）数据**

海峡两岸辛亥革命著述书目：1911～2011／海峡两岸出版交流中心，华中师范大学中国近代史研究所编. —北京：九州出版社，2011.10
ISBN 978-7-5108-1194-4

Ⅰ.①海… Ⅱ.①海… ②华… Ⅲ.①辛亥革命-图书目录-中国-1911～2011 Ⅳ.①Z88：K257

中国版本图书馆 CIP 数据核字（2011）第207412号

**海峡两岸辛亥革命著述书目：1911～2011**

| | |
|---|---|
| 作　　者 | 海峡两岸出版交流中心 华中师范大学中国近代史研究所　编 |
| 出版发行 | 九州出版社 |
| 出 版 人 | 徐尚定 |
| 地　　址 | 北京市西城区阜外大街甲35号（100037） |
| 发行电话 | （010）68992190/2/3/5/6 |
| 网　　址 | www.jiuzhoupress.com |
| 电子信箱 | jiuzhou@jiuzhoupress.com |
| 印　　刷 | 三河市东方印刷有限公司 |
| 开　　本 | 720毫米×1020毫米　16开 |
| 印　　张 | 6.75 |
| 字　　数 | 77千字 |
| 版　　次 | 2011年10月第1版 |
| 印　　次 | 2011年10月第1次印刷 |
| 书　　号 | ISBN 978-7-5108-1194-4 |
| 定　　价 | 21.00元 |

# 目　　录

# 出版说明

本书收录1911年至2011年百年间涉及辛亥革命人物、史料的1100余种图书信息。书目涵盖中国大陆和台湾地区的正式出版物，也保留了港澳地区及新加坡出版的个别著作。书目内容包括书名、作者、出版者和出版年份。

九州出版社

2011年10月

# 大陆出版部分

**辛亥阳夏起义史略**

邱文彬 著，1911

**中西合历**

丁冠西 编，铅印本，1911

**中国革命记 辛亥革命武昌首义**

时事新报馆 编，时事新报馆，1911

**光复中国革命血 第一册**

何魄征 编，共和书室，1911

**爵秩全览 宣统辛亥秋季**

刻本，1911

**辛亥海军部奏定职掌**

海军部 编，油印本，1911

**辛亥海军部奏定官制**

海军部 编，油印本，1911

**辛亥抚新记程**

袁大化，1911

**辛亥新疆伊犁乱事本末**

张开枚，新疆官报局，1911

**光复粤垣记**

李准，1912

**浙军杭州光复记**

浙军第四十九旅司令部，1912

**辛亥革命大事录**

草莽余生 撰，1912

**辛亥鹗城纪略**

于渐逵 撰，铅印本，1912

**辛亥海军举义记略**

何海鸣 撰，木活字本，1912

**辛亥殉难表**

吴自修 撰，铅印本，1912

**辛亥殉难记 六卷卷首一卷**

吴自修 撰，铅印本，1912

**辛亥殉难记 五卷卷首一卷**

吴自修 撰，铅印本，1912

**辛亥新疆伊犁乱事本末**

张开枚 辑，木活字本，1912

**辛亥海军举义记**

张怿伯 撰，木活字本，1912

**辛亥革命始末记**

渤海寿臣 编，铅印本，1912

**辛亥溅泪集 四卷**

苏舆 撰，石印本，1912

**辛亥抚新纪程 二卷**

袁大化 撰，铅印本，1912

**辛亥四川路事纪略 一卷**

诵清堂主人 撰，铅印本，1912

**辛亥定变纪略**

钟广生 撰，铅印本，1912

**辛亥定变纪略**

钟广生 撰，木活字本，1912

**辛亥纪念大会摄影**

1912

**辛亥革命大事记**

抄本，1912

**革命军**

邹容 著，上海神州广文社，1913

**无锡光复志**

钱基博 著，新善本，1913

**陇右光复记**

黄钺，1913

**黄花岗福建十杰纪实**

天啸生，新中国图书局，1913

**武昌纪事**

陈征言，云南图书馆，1914

**辛亥四川路事纪略**

诵清堂主人 辑，铅印本，1915

**作战命令**

蔡锷 颁布，墨笔抄本，1916

**纳溪战役之作战命令**

蔡锷 颁布，墨笔抄本，1916

**光复军志**

龚翼星，1917

**碧血黄花集 三卷**

林森，1919

**武汉战纪**

王树楠，新城王氏陶庐丛刻本，1919

**辛亥四川路事纪略 一卷**

诵清堂主人 撰，成都昌福公司，1920

**庚辛要事记 一卷**

李实枕 撰，天津华新印刷局，1921

**黄花岗七十二烈士事略**

邹鲁，1922

**辛亥革命史**

高劳，商务印书馆，1923

**辛壬春秋** 四十八卷

尚秉和，历史编辑社，1924

**辛亥革命史**

东方杂志社，商务印书馆，1925

**孙中山评论集**

三民编译部，上海三民出版部，1925

**孙中山先生与中国**

高尔柏等，上海民智书局，1925

**孙中山先生十讲**

上海民智书局，1926

**广州三月二十九革命史**

革命纪念会 编辑，上海民智书店，1926

**孙逸仙传记**

（美）林百克 著 徐植仁 译，上海三民公司，1926

**辛亥革命与列强态度**

德国外交部 编 王光祈 译，中华书局，1927

**黄花岗四烈士传**

邹鲁，上海民智书店，1927

**武昌革命真史**

曹亚伯，中华书局，1927

**革命军**

邹容 著，新善本，1929

**辛亥革命史**

郭真 著，上海北新书局，1929

**孙中山全集**

广益书局 编辑，上海广益书局，1929

**广州三月二十九革命史**

革命纪念会 编辑，上海明智书局，1930

**辛亥逊清政变发源记**

彭芬 辑，铅印本，1933

**南洋霹雳华侨革命史绩**

黄警顽 编辑，铅印本，1933

**辛亥革命史**

左舜生，中华书局，1934

**辛亥札记**

居正，上海大东书局，1934

**革命史料八种**
广州先导社，1934

**兴中会革命史要**
陈少白，南京建国月刊社，1935

**辛亥殉难记** 六卷 卷首一卷
吴自修 撰 金梁 补，1935

**孙中山全集**
甘乃光 编，良友图书公司，1935

**梅川日记 原名 辛亥札记**
居正 著，重庆大东书局，1935

**革命先烈集 第一辑**
广州先导社 编，广州先导社，1935

**辛亥四川路事罪言**
王人文 编，石印本，1936

**辛亥四川路事罪言**
王人文 编，影印本，1936

**福建辛亥光复史料**
福州光复中学 编，连城建国出版社，1940

**辛亥革命史**
郭真，上海北新书局，1940

**兴中会革命史要**
陈少白，重庆中国文化服务社，1941

**中华民国开国前革命文献**
陆曼炎，重庆名山出版公司，1944

**辛亥札记**

居觉生 撰，重庆大东书局，1945

**辛亥开国史**

陆曼炎，重庆名山出版公司，1945

**孙中山先生传**

高良佐，成都近芬书屋，1945

**辛亥劄记 梅川日记**

居觉生 著，大连大众书店，1946

**辛亥首义史迹**

辛亥首义同志会，1946

**湖北革命知之录**

张难先，商务印书馆，1946

**辛亥革命回忆录**

张奚若 丕强 著，生活书店，1947

**辛亥武昌首义记**

李廉方，湖北通志馆鄂故丛书本，1947

**辛亥革命回忆录**

张奚若 著，大东书局，1947

**辛亥札记**

居觉生 撰，大连生活书店，1948

**中国近代政治思想史料**

龚稷 编，上海生活书店，1947

**辛亥革命与袁世凯**

黎乃涵 著，海外中文图书，1948

**辛亥革命与袁世凯**

黎乃涵 著，生活书店，1948

**武昌开国实录**

胡祖舜，武昌久华印书馆，1948

**辛亥革命北方实录**

胡鄂公，中华书局，1948

**辛亥革命与袁世凯**

黎乃涵 著，光华书店，1948

**辛亥革命与袁世凯**

黎乃涵 著，上海生活、读书、新知联合发行所，1949

**辛亥革命的教训**

吴玉章，华北大学，1949

**孙中山革命奋斗小史**

胡绳，上海大众书店，1949

**孙中山**

周哲，三联书店，1950

**辛亥革命**

陈旭麗 著，上海人民出版社，1951

**文学社武昌首义纪实**

章裕昆，三联书店，1952

**辛亥革命前后的中国政治**

黎澍 著，人民出版社，1954

**中国近代史讲话 五 辛亥革命**

汪伯岩 编写，山东人民出版社，1955

**辛亥革命**

宋然编 著 侯长春 绘图，通俗读物出版社，1955

**辛亥革命**

陈旭麓 著，上海人民出版社，1955

**辛亥革命**

新兴 编写，江苏人民出版社，1956

**中国近代史讲座 第六讲 辛亥革命**

吴玉章 讲，政协全国委员会学习委员会，1956

**辛亥革命前的鲁迅先生**

王冶秋 著，新文艺出版社，1956

**山西省辛亥革命史略稿**

山西省文史研究馆编，油印本，1956

**回忆孙中山先生领导民族革命辛亥武昌起义组织军政府简史**

张铭 著，1956

**武昌起义的故事**

志杰，群益堂，1956

**孙中山选集**

人民出版社，1956

**建国大纲 孙中山遗墨**

孙中山先生诞辰九十周年纪念筹备委员会，人民美术出版社，1956

**辛亥革命**（八册）

中国史学会 主编 荣孟源等 编，上海人民出版社，1957

**辛亥革命**【哈萨克文】

新疆人民出版社，1957

**北洋军阀统治时期史话 第一册 辛亥革命前后和第一次南北战争时期**

陶鞠隐 著，三联书店，1957

**辛亥革命前的群众斗争**

李竹然 编著，通俗读物出版社，1957

**辛亥革命时期两湖地区的革命运动**

李时岳 著，三联书店，1957

**辛亥四川争路亲历记**

周善培 著，重庆人民出版社，1957

**辛亥首义回忆录 第一辑**

政协湖北省委员会 编，湖北人民出版社，1957

**回忆孙中山和廖仲恺**

何香凝，中国青年出版社，1957

**伟大的孙中山**

黎明，中国少年儿童出版社，1957

**孙中山的故事**

洛菲，广东人民出版社，1957

**同盟会成立前的孙中山**

陈锡祺，广东人民出版社，1957

**辛亥革命史料**

张国淦 编著，龙门联合书局，1958

**辛亥革命先著记**

杨玉如 编，科学出版社，1958

**鄂州血史**

蔡寄鸥，龙门联合书局，1958

**辛亥革命前后湖南史事**

杨世骥 著，湖南人民出版社，1958

**辛亥革命的故事**

上海人民出版社编辑，上海人民出版社，1958

**辛亥革命资料汇编**

丁思泽等 编，中国科学院历史研究所第三所南京史料整理处史料组，油印本，1958

**辛亥革命的故事**

葛子厚，明天出版社，1958

**辛亥革命图**

地图出版社历史图编绘室 编制 人民教育出版社历史编辑室 校订，地图出版社，1958

**120 年阴阳历对照表：自 1851 年（清咸丰元年辛亥）至 1970 年（庚戌）**

吴古玉 编，人民卫生出版社，1958

**辛亥首义回忆录 第三辑**

政协湖北省委员会 编，湖北人民出版社，1958

**云南贵州辛亥革命资料**

中国科学院历史研究所 编辑，科学出版社，1958

**辛亥革命回忆录**

谭永年，香港荣侨书店，1958

**云南贵州辛亥革命资料**

中国科学院历史研究所第三所 编辑，科学出版社，1959

**四川保路运动史料**

戴执礼，科学出版社，1959

**辛亥革命的故事 中国近代历史故事**

上海人民出版社，1959

**1911 年上海起义的故事**

上海人民出版社，1959

**苏报案故事 上海近代历史故事**

上海人民出版社，1959

**辛亥革命前十年间时论选集 第一卷**

张枬、王忍之 编，生活·读书·新知三联书店，1960

**辛亥革命前十年间时论选集 第二卷**

王忍之等 编，生活·读书·新知三联书店，1960

**辛亥革命**

吴玉章 著，中国人民大学出版社，1960

**广西辛亥革命资料**

广西少数民族社会历史调查组，1960

**广东新军起义资料**

中国科学院广州哲学社会科学综合研究所 广东省中山图书馆，油印本，1960

**辛亥革命**

中国科学院近代历史研究所南京史料整理处编，油印本，1961

**四川文史资料选辑 第一辑 纪念辛亥革命五十周年专辑**

政协四川省委员会 四川省省志编辑委员会，1961

**内蒙古辛亥革命史料**

内蒙古自治区委员会文史资料研究委员会 编，内蒙古人民出版社，1961

**文史资料 第一辑 纪念辛亥革命五十周年专辑（一）**

政协湖南省委员会文史资料研究委员会，1961

**文史资料 第二辑 纪念辛亥革命五十周年专辑（二）**

政协湖南省委员会文史资料研究委员会，1961

**辛亥革命资料**

中国科学院近代史研究所史料编译组，中华书局，1961

**辛亥革命回忆录 第一集**

政协全国委员会文史资料研究委员会 编，中华书局，1961

**辛亥革命五十周年纪念**（文史资料专辑）

政协上海市委员会，1961

**辛亥革命江苏地区史料**

扬州师范学院历史系 编，江苏人民出版社，1961

**辛亥革命**

吴玉章 著，人民出版社，1961

**辛亥革命时期期刊总目**

上海图书馆 编，上海图书馆，1961

**山西文史资料 第一辑 纪念辛亥革命五十周年专辑**

山西文史资料编辑委员会 编，山西人民出版社，1961

**辛亥革命回忆录 第一集**

政协全国委员会文史资料研究委员会 编，文史资料出版社，1961

**辛亥革命**

陈旭麓 著，上海人民出版社，1961

**辛亥革命在广西 上集**

政协广西壮族自治区委员会文史资料研究委员会 编，广西人民出版社，1961

**辛亥首义回忆录 第四辑**

政协湖北省委员会 编，湖北人民出版社，1961

**辛亥革命江苏地区史料**

扬州师范学院历史系，江苏人民出版社，1961

**辛亥革命五十周年纪念文集**

政协山东省委员会 山东省历史研究所 编，山东人民出版社，1962

**内蒙古辛亥革命史料**

政协内蒙古自治区委员会文史资料研究委员会 编，内蒙古人民出版社，1962

**广东辛亥革命史料**

政协广东省委员会文史资料研究委员会 编，1962

**辛亥革命回忆录 第二集**

政协全国委员会文史资料研究委员会 编，中华书局，1962

**辛亥革命回忆录 第三集**

政协全国委员会文史资料研究委员会 编，中华书局，1962

**辛亥革命回忆录 第二集**

政协全国委员会文史资料研究委员会 编，文史资料出版社，1962

**辛亥革命烈士诗文选**

萧平 编 吴小如 注，中华书局，1962

**辛亥革命**（知识丛书）

林增平 编写，中华书局，1962

**辛亥革命五十周年纪念论文集**（上、下册）

湖北省哲学社会科学学会联合会 编，中华书局，1962

**辛亥革命**（工农通俗文库）

包村 编写，上海人民出版社，1962

**四川文史资料选辑 第一辑 纪念辛亥革命五十周年专辑**

政协四川省委员会 四川省省志编辑委员会，1962

**辛亥独立忆中山**

夏莲居 撰，油印本，1962

**辛亥革命在广西 下集**

政协广西僮族自治区委员会文史资料研究委员会 编，广西人民出版社，1962

**四川保路运动**（中国历史小丛书）

隗瀛涛，中华书局，1962

**辛亥革命回忆录 第三集**

政协全国委员会文史资料研究委员会 编，文史资料出版社，1962

**辛亥革命回忆录 第四集**

政协全国委员会文史资料研究委员会 编，中华书局，1963

**辛亥革命回忆录 第四集**

政协全国委员会文史资料研究委员会编，文史资料出版社，1963

**辛亥革命回忆录 第五集**

政协全国委员会文史资料研究委员会编，文史资料出版社，1963

**辛亥革命回忆录 第六集**

政协全国委员会文史资料研究委员会编，文史资料出版社，1963

**辛亥革命回忆录 第五集**

政协全国委员会文史资料研究委员会 编，中华书局，1963

**辛亥革命回忆录 第六集**

政协全国委员会文史资料研究委员会 编，中华书局，1963

**辛亥革命前十年间时论选集 第二卷**（上、下册）

张枬、王忍之 编，生活·读书·新知三联书店，1963

**黄花岗起义**（中国历史小丛书）

包村，中华书局，1963

**武昌起义**（中国历史小丛书）

何炳然，中华书局，1963

**武昌起义**

章开沅，中华书局，1964

**中国海关与辛亥革命**

中国近代经济史资料丛刊编辑委员会 主编，中华书局，1964

**帝国主义与中国海关 第十三编 中国海关与辛亥革命**

中国近代经济史资料丛刊编辑委员会主编（对外贸易部海关管理局研究室），中华书局，1964

**山西文史资料 第一辑 纪念辛亥革命五十周年专辑**

山西文史资料编辑委员会 编，山西人民出版社，1964

**辛亥以后十七年职官年表**

刘寿林 编，中华书局，1966

**辛亥革命在上海史料选辑**

上海社会科学院历史研究所 编，上海人民出版社，1966

**辛亥武昌首义纪 二卷**

李廉方 撰，1970

**论辛亥革命**

吴玉章 著，人民出版社，1972

**辛亥革命**（中国近代史丛书）

《中国近代史丛书》编写组 编，上海人民出版社，1972

**辛亥革命**

林增平 编，中华书局，1974

**辛亥革命前夜的一场大论战**

章开沅 著，人民出版社，1975

**论辛亥革命**【哈萨克文】

吴玉章 著，新疆人民出版社，1975

**辛亥革命后帝制复辟和反复辟斗争**

刘望龄 编著，人民出版社，1975

**辛亥革命后的几个短命政权 1911—1949**

北京大学历史系 70 级工农兵学员 编著，北京人民出版社，1975

**lcags phag lovi gsar brjevi skor bshad pa**【藏文】

吴玉章 著，民族出版社，1976

**中华民国史资料丛稿——孙中山年谱**（上、中、下）

中国科学院近代史研究所中华民国史组广东省哲学社会科学研究所历史研究室，中华书局，1976

**辛亥革命前十年间时论选集 第三卷**

张枬、王忍之 编，生活·读书·新知三联书店，1977

**辛亥革命时期的诗歌**

华南师范学院中文系编写组 编，中华书局，1978

**辛亥革命前十年间时论选集 第一卷**

王忍之等 编，生活·读书·新知三联书店，1978

**辛亥革命前十年间时论选集 第二卷**

王忍之等 编，生活·读书·新知三联书店，1978

**北洋军阀统治时期史话 第一册**

陶鞠隐 著，生活·读书·新知三联书店，1978

**回忆孙中山和廖仲恺**

何香凝，三联书店，1978

**内蒙古辛亥革命史料**

政协内蒙古自治区委员会文史资料研究委员会 编，内蒙古人民出版社，1979

**辛亥革命前后**

陈旭麓等 主编，上海人民出版社，1979

**辛亥首义回忆录 第一辑**

政协湖北省委员会，湖北人民出版社，1979

**孙中山年谱**

魏宏运，天津人民出版社，1979

**孙中山传**

尚明轩，北京出版社，1979

**孙中山著作及研究书目资料索引**

中山大学图书馆等 编，1979

**孙中山史料专辑 广东省文史资料第二十五辑**

政协广东省委员会等 编，广东人民出版社，1979

**中华民国史档案资料汇编 第一辑 辛亥革命**

中国第二历史档案馆，江苏人民出版社，1979

**孙中山**（中国近代史丛书）

邵传烈 著，上海人民出版社，1980

**辛亥革命前的蔡元培**

周佳荣 著，波文书局，1980

**日本外交文书选译——关于辛亥革命**

中国社会科学院近代史研究所中华民国史研究室 主编，中国社会科学出版社，1980

**辛亥革命诗词选**

刘运祺等，长江文艺出版社，1980

**辛亥革命史稿 第一卷 中国资产阶级革命派的形成**

金冲及 胡绳武 著，上海人民出版社，1980

**辛亥革命简史**

方志钦 编著，广东人民出版社，1980

**辛亥革命论文集**

广东人民出版社，1980

**辛亥革命史**

章开沅 主编，人民出版社，1980

**辛亥革命史 上册**（中国近代史研究丛书）

章开沅 林增平，人民出版社，1980

**辛亥革命史 中册**（中国近代史研究丛书）

隗瀛涛 吴雁南，人民出版社，1980

**辛亥首义回忆录 第二辑**

政协湖北省委员会文史资料研究委员会 编，湖北人民出版社，1980

**辛亥首义回忆录 第三辑**

政协湖北省委员会文史资料研究委员会 编辑，湖北人民出版社，1980

**辛亥革命史丛刊 第一辑**

《辛亥革命史丛刊》编辑组 编，中华书局，1980

**孙中山年谱**

广东省哲学社会科学所历史室，中华书局，1980

**广西文史资料 第十五辑 纪念辛亥革命七十周年专辑**

政协广西壮族自治区委员会文史资料委员会 编，1981

**辛亥革命史（下册）**（中国近代史研究丛书）

王天奖 刘望龄，人民出版社，1981

**纪念辛亥革命七十周年**

中国新闻社编，1981

**辛亥革命资料类编 近代史资料专刊**

中国社会科学院近代史研究所近代史资料编辑组 编，中国社会科学出版社，1981

**华侨与辛亥革命 近代史资料专刊**

中国社会科学院近代史研究所近代史资料编辑组 编，中国社会科

学出版社，1981

**四川保路风云录**

政协四川省文史资料研究委员会 四川省人民政府文史研究馆，四川人民出版社，1981

**浙江辛亥革命回忆录**

政协浙江省委员会文史资料研究委员会 编，浙江人民出版社，1981

**云南文史资料选辑 第十五辑 纪念辛亥革命七十周年**

政协云南省委员会文史资料研究委员会，1981

**新疆文史资料选辑 第九辑 辛亥革命伊犁起义专辑**

政协新疆维吾尔自治区委员会文史资料研究委员会 编，新疆人民出版社，1981

**广安文史资料选辑 第一辑 纪念辛亥革命七十周年专辑**

政协四川省广安县委员会文史资料研究委员会 编，1981

**辛亥革命七十周年 文史资料纪念专辑**

政协上海市委员会文史资料研究委员会 编，上海人民出版社，1981

**文史资料选辑 纪念辛亥革命七十周年 第十二辑**

政协山东省委员会文史资料研究委员会 编，山东人民出版社，1981

**回忆辛亥革命**

政协全国委员会文史资料委员会 编，文史资料出版社，1981

**镇江文史资料 第三辑 纪念辛亥革命七十周年专辑**

政协江苏省镇江市委员会文史资料研究委员会 编，1981

**江苏文史资料选辑 第六辑 纪念辛亥革命七十周年**

政协江苏省委员会文史资料研究委员会 编，江苏人民出版社，1981

**文史资料选辑 总第六辑 纪念辛亥革命七十周年专辑之一**

政协江苏省苏州市委员会文史资料研究委员会 编，1981

**文史资料选辑 第一辑 纪念辛亥革命七十周年**

政协江苏省南通市委员会文史资料研究委员会 编，1981

**常州文史资料 第一辑 纪念辛亥革命七十周年专辑**

政协江苏省常州市委员会文史委员会 编，1981

**湖北文史资料 第四辑 纪念辛亥革命七十周年专辑**

政协湖北省委员会文史资料研究委员会 编，湖北人民出版社，1981

**湖北文史资料 第四辑 纪念辛亥革命七十周年专辑**

政协湖北省委员会文史资料研究委员会，1981

**辛亥首义回忆录 第四辑**

政协湖北省委员会文史资料研究委员会 编，湖北人民出版社，1981

**河南文史资料 第六辑 辛亥革命专辑**

政协河南省委员会文史资料研究委员会 编，河南人民出版社，1981

**广东辛亥革命史料**

广东省委员会文史资料研究委员会 编，广东人民出版社，1981

**广东文史资料 孙中山与辛亥革命史料专辑**

政协广东省广州市委员会文史资料研究委员会 编，广东人民出版社，1981

**纪念辛亥革命七十周年史料专辑**

政协广东省广州市委员会文史资料研究委员会 编，广东人民出版社，1981

**甘肃文史资料选辑 第十一辑 纪念辛亥革命七十周年专辑**

甘肃人民出版社，1981

**福建文史资料 第六辑 辛亥革命专辑**

福建人民出版社，1981

**泉州文史资料 第九辑 辛亥革命七十周年纪念特辑**

政协泉州委员会 编，1981

**莆田文史资料 第二辑 辛亥革命专辑**

政协莆田委员会 编，1981

**松江文史 创刊号 纪念辛亥革命七十周年专辑**

政协松江县委员会文史组，1981

**安庆文史资料 第一辑 纪念辛亥革命七十周年**

政协安庆市文史资料委员会 安庆市编史修志办公室 安庆市档案馆 编，1981

**辛亥革命浙江史料选辑**

浙江省辛亥革命史研究会 浙江省图书馆 编，浙江人民出版社，1981

**辛亥革命史论文选**

辛亥革命史研究会 编，三联书店，1981

**云南辛亥革命资料**

谢本书 著，云南人民出版社，1981

**辛亥革命论文集 纪念辛亥革命七十周年**

武汉师范学院历史系 科研生产处 学报编辑部 编，1981

**四川辛亥革命史料**

隗瀛涛 赵清 主编，四川人民出版社，1981

**辛亥革命四烈士年谱**

孙元超 编，书目文献出版社，1981

**四川保路运动档案选编**

四川省档案馆 编，四川人民出版社，1981

**辛亥革命研究论文集**

四川大学学报编辑部 四川大学历史系 编，四川人民出版社，1981

**史料选编 一九八一年第二辑 辛亥革命七十周年纪念专辑**

上海市文史馆 上海市人民政府参事室文史资料工作委员会编，1981

**辛亥革命在上海史料选辑**

上海社会科学院历史研究所 编，上海人民出版社，1981

**辛亥革命史料选辑**

丘权政 杜春和 选编，湖南人民出版社，1981

**纪念辛亥革命七十周年学术讨论会文集**

民革黑龙江省委员会 黑龙江省历史学会 编，1981

**辛亥革命大事录**

刘望龄 编著，知识出版社，1981

**赤门谈史录 论辛亥革命的性质**

刘大年 著，人民出版社，1981

**辛亥革命与少数民族**

林家有，河南人民出版社，1981

**辛亥革命武昌首义史料辑录**

湖北省图书馆，书目文献出版社，1981

**辛亥革命论文集**

湖北省历史学会 编，湖北人民出版社，1981

**贵州辛亥革命资料选编**

贵州省社会科学院历史研究所 编，贵州人民出版社，1981

**辛亥革命的故事**

葛子厚 著，山东人民出版社，1981

**贵州辛亥革命**

冯祖贻 顾大全，贵州人民出版社，1981

**贵阳文史资料选辑 第二辑 纪念辛亥革命七十周年**

政协贵州省贵阳市委员会文史资料研究委员会，1981

**国外中国近代史研究 第二辑 辛亥革命七十周年纪念专辑**

中国社会科学院近代史研究所 国外中国近代史研究编辑部 编，中国社会科学出版社，1981

**辛亥革命在山西**

刘存善 著，山西人民出版社，1981

**辛亥革命在湖北**

吴剑杰 著，湖北人民出版社，1981

**贩马记 辛亥传奇剧**

李健吾 著，宁夏人民出版社，1981

**辛亥革命**

林增平 编，中华书局，1981

**辛亥革命在河南**

王天奖等 著，河南人民出版社，1981

**辛亥革命在新疆**

魏长洪 编著，新疆人民出版社，1981

**临时政府公报 第三辑**

江苏人民出版社，1981

**辛亥革命史丛刊 第三辑**

《辛亥革命史丛刊》编辑组 编，中华书局，1981

**辛亥革命在南京 摄影集**

江苏省纪念辛亥革命七十周年筹备委员会 编，江苏人民出版社，1981

**辛亥革命在湖北史料选辑**

武汉大学历史系中国近代史教研室 编，湖北人民出版社，1981

**泉州文史资料 第九辑 辛亥革命七十周年纪念特辑**

政协福建省泉州市委员会文史资料研究委员会 编，1981

**青岛文史资料选辑 第一辑 纪念辛亥革命七十周年专刊**

政协山东省青岛市委员会文史资料研究委员会 编，1981

**宁夏文史资料 第十期 辛亥革命七十周年纪念专辑**

政协宁夏回族自治区委员会文史资料研究委员会 编，1981

**贵州文史资料选辑 纪念辛亥革命七十周年 第十辑**

政协贵州省委员会文史资料研究委员会 编，贵州人民出版社，1981

**成都文史资料选辑 第一辑 纪念辛亥革命七十周年专辑**

政协四川省成都市委员会文史资料研究委员会 编，1981

**辛亥革命四烈士年谱**

孙元超 编，北京图书馆出版社，1981

**陕西辛亥革命回忆录**

政协陕西省委员会文史资料研究委员会 编，陕西人民出版社，1982

**辛亥革命回忆录 第七集**

政协全国委员会文史资料研究委员会 编，文史资料出版社，1982

**辛亥革命回忆录 第八集**

政协全国委员会文史资料研究委员会 编，文史资料出版社，1982

**文史资料选辑 第七辑 纪念辛亥革命七十周年专辑之二**

政协江苏省苏州市委员会文史资料研究委员会 编，1982

**安徽文史资料选辑 第五辑 纪念辛亥革命七十周年专辑**

政协安徽省委员会文史资料研究委员会 编，1982

**辛亥革命前后湖南史事**

杨世骥 著，湖南人民出版社，1982

**辛亥革命与华侨**

洪丝丝等 著，人民出版社，1982

**辛亥革命时期期刊介绍 第一集**

丁守和 主编，人民出版社，1982

**辛亥革命时期期刊介绍 第二集**

丁守和 主编，人民出版社，1982

**云南文史资料选辑 第十七辑 云南辛亥革命资料选编**

政协云南省委员会文史资料研究委员会 编，云南人民出版社，1982

**改良与革命——辛亥革命在两湖**

（美）周锡瑞 著 杨慎之 译，中华书局，1982

**辛亥武昌起义的故事**

宋青蓝 编，山东人民出版社，1982

**辛亥武昌首义人物传**

贺觉非 编著，中华书局，1982

**辛亥革命史丛刊 第四辑**

《辛亥革命史丛刊》编辑组 编，中华书局，1982

**辛亥风云**

中国新闻社 编，中国展望出版社，1982

**纪念辛亥革命七十周年青年学术讨论会论文选**（上、下册）

中南地区辛亥革命史研究会 湖南省历史学会 编，中华书局，1983

**纪念辛亥革命七十周年学术讨论会论文集**

中华书局编辑部 编，中华书局，1983

**山西文史资料 第十九辑 辛亥革命七十周年专辑**

政协山西省委员会文史资料研究委员会 编，1983

**纪念辛亥革命七十周年书画展品集**

民革中央宣传部 编，文物出版社，1983

**辛亥革命史料选辑 续编**

丘权政等 选编，湖南人民出版社，1983

**辛亥革命时期的历史人物**

李新 任一民 编，中国青年出版社，1983

**一次反封建的伟大实践 江苏省纪念辛亥革命七十周年学术论文选**

江苏省历史学会 编，江苏人民出版社，1983

**辛亥革命湖北人物传资料选编**

湖北省档案馆档案资料编辑室 湖北省地方志办公室资料室 编，1983

**辛亥革命史丛刊 第五辑**

《辛亥革命史丛刊》编辑部 编，中华书局，1983

**从辛亥革命到五四运动**

胡绳武 金冲及 著，湖南人民出版社，1983

**辛亥革命诗歌选集**

广东省文史研究馆 政协广东文史资料研究委员会 编，广东人民出版社，1983

**辛亥革命时期期刊介绍 第三集**

丁守和 主编，人民出版社，1983

**辛亥风云录**

任光椿 著，湖南人民出版社，1983

**历史小故事丛书选辑 鸦片战争到辛亥革命部分 二**

山东人民出版社，1983

**中国海关与辛亥革命 帝国主义与中国海关资料丛编之九**

中国近代经济史资料丛刊编辑委员会 主编，中华书局，1983

**国外辛亥革命史研究动态 第二辑**

华中师范学院辛亥革命史研究室 中南地区辛亥革命史研究会 编，1983

**浙江辛亥革命回忆录 续辑 浙江文史资料选辑 第二十七辑**

浙江人民出版社，1984

**历史小故事丛书选辑 鸦片战争到辛亥革命部分 一**

山东人民出版社，1984

**辛亥革命北方英烈小传**

黄真等 编著，北京出版社，1984

**孙中山与辛亥革命论集**

陈锡祺 著，中山大学出版社，1984

**辛亥革命形势图**

地图出版社，1984

**辛亥革命在浙江**

杨渭生 著，浙江人民出版社，1984

**英国蓝皮书有关辛亥革命资料选译**（全二册）

胡滨 译，中华书局，1984

**辛亥革命在广西图片集**

广西壮族自治区政协、博物馆 编，广西人民出版社，1984

**辛亥革命在湖南 论文集**

湖南史学会 编，湖南人民出版社，1984

**国外辛亥革命史研究动态 第三辑**

华中师范学院辛亥革命史研究室 中南地区辛亥革命史研究会编，1984

**云和文史资料 第一期 云和辛亥革命史料专辑**

政协浙江省云和县委员会文史资料研究委员会 编，1985

**浙江文史资料选辑 第三十辑 浙江辛亥革命回忆录 第三辑**

政协浙江省委员会文史资料研究委员会 编，浙江人民出版社，1985

**大理州文史资料 第三辑 辛亥革命护国运动专辑**

政协大理白族自治州委员会文史资料研究委员会，1985

**辛亥革命前十年间民变档案史**

中国第一历史档案馆 北京师范大学历史系 编选，中华书局，1985

**浙江辛亥革命回忆录 第三辑 浙江文史资料选辑 第三十辑**

政协浙江省委员会文史资料研究委员会 编，浙江人民出版社，1985

**辛亥革命与近代社会**

章开沅 著，天津人民出版社，1985

**辛亥革命史稿 第二卷 中国同盟会**

金冲及 胡绳武 著，上海人民出版社，1985

**辛亥武昌首义史**

贺觉非等 著，湖北人民出版社，1985

**随州文史资料 第二辑**

政协湖北省随州市委员会文史资料研究委员会 编，1985

**辛亥革命重庆纪事**

周勇 著，重庆出版社，1986

**孙中山与浙江 浙江文史资料选辑 第三十二辑 浙江辛亥革命回忆录 第四辑**

政协浙江省委员会文史资料研究委员会 编，浙江人民出版社，1986

**仙桃文史资料 第一辑 辛亥革命与沔阳**

政协仙桃市委员会文史资料研究委员会 编，1986

**巴县文史资料 第三辑 纪念辛亥革命七十五周年专辑**

政协四川省巴县委员会文史资料研究委员会 编，1986

**河津文史资料 第二辑 纪念辛亥革命七十五周年专辑**

政协山西省河津县委员会文史资料研究委员会 编，1986

**利川文史资料 第一辑 辛亥革命集**

政协利川市委员会文史资料研究委员会 编，1986

**湖北文史资料 纪念孙中山先生诞辰一百二十周年 辛亥革命七十五周年专辑**

政协湖北省委员会文史资料研究委员会 编，1986

**巴东县文史资料 第一辑 辛亥革命巴东人物传略专辑**

政协湖北省巴东县委员会文史资料研究委员会 编，1986

**老河口文史资料 第十九辑 纪念辛亥革命七十五周年专辑**

政协老河口市委员会文史资料研究委员会 编，1986

**修武文史资料 第二辑 纪念辛亥革命七十五周年**

政协河南省修武县委员会 编，1986

**辛亥革命四川三大将军传**

曾绍敏等 编著，四川省社会科学院出版社，1986

**辛亥革命襄阳人物简介——纪念辛亥革命七十五周年专辑**

政协襄阳县文史资料研究委员会 编，1986

**孙中山与辛亥革命**

吴雁南 著，贵州人民出版社，1986

**辛亥革命货币**

吴筹中 顾延培 编著，宁夏人民出版社，1986

**辛亥革命与近代思想——近代历史探研录**

皮明庥 著，陕西师范大学出版社，1986

**辛亥武昌首义史事志**

皮明庥等 编，陕西师范大学出版社，1986

**辛亥革命专辑 临海文史资料 第三辑**

临海市政协文史组 编，1986

**辛亥革命和癸丑二次革命各省独立示意图**

黄征等 绘，测绘出版社，1986

**孙中山藏档选编 辛亥革命前后**

黄彦 李伯新 编著，中华书局，1986

**辛亥革命时期期刊介绍 第四集**

丁守和 主编，人民出版社，1986

**重庆辛亥革命时期人物 辛亥革命暨重庆蜀军政府成立七十五周年纪念专辑**

重庆市地方志编纂委员会总编室等 编，1986

**孙中山与浙江 浙江文史资料选辑 第三十二辑 浙江辛亥革命回忆录第四辑**

政协浙江省委员会文史资料研究委员会 编，浙江人民出版社，1986

**于右任辛亥文集**

傅德华 编，复旦大学出版社，1986

**辛亥革命在陕西**

沈传忠等 编，陕西人民出版社，1986

**雷铁厓集**（辛亥人物文集丛书）

唐文权 编，华中师范大学出版社，1986

**湖北军政府文史资料汇编**

辛亥革命武昌起义纪念馆等 合编，武汉大学出版社，1986

**辛亥革命史丛刊 第六辑**

《辛亥革命史丛刊》编辑组 编，中华书局，1986

**辛亥武昌起义**

《辛亥武昌起义》编辑组，文物出版社，1986

**嵊县文史资料 第五辑 辛亥革命史料专辑**

政协嵊县委员会文史资料委员会 编，1987

**扬州文史资料 第六辑 纪念辛亥革命烈士熊成基诞辰一百周年专辑**

政协江苏省扬州市委员会文史资料研究委员会 编，1987

**辛亥革命前的十年**

乔志强 著，山西人民出版社，1987

**辛亥革命前的十年**

乔志强 著，山西教育出版社，1987

**辛亥革命时期期刊介绍 第五集**

丁守和 主编，人民出版社，1987

**辛亥革命浙江史料续辑**

浙江省社会科学院历史研究所 浙江图书馆 编，浙江人民出版社，1987

**武昌起义辛亥革命形势**

石奉天 甄国宪 编辑，地图出版社，1987

**辛亥革命史丛刊 第七辑**

《辛亥革命史丛刊》编辑组 编，中华书局，1987

**辛亥风雷 安徽文史集萃丛书之一**

政协安徽省委员会文史资料研究委员会 编，安徽人民出版社，1987

**新加坡华侨会党对辛亥革命影响之研究**

黄建淳 著，新加坡南洋学会，1988

**日本浪人与辛亥革命**

赵金钰 著，四川人民出版社，1988

**辛亥革命运动史稿**（高等学校文科教材）

章开沅 林增平 主编，中国人民大学出版社，1988

**中国外交史 鸦片战争至辛亥革命时期 1840—1911**

王绍坊 著，河南人民出版社，1988

**辛亥两湖史事新论**

湖北省社会科学联合会 编，湖南人民出版社，1988

**辛亥革命在京山 京山文史资料 第七辑**

政协商会议京山县委员会文史资料研究委员会 编，1988

**辛亥先驱续西峰 定襄县文史资料 第二辑**

政协定襄县委员会文史资料委员会 编，1988

**辛亥革命**（中国史专题讨论丛书）

林增平等 编，巴蜀书社，1989

**吴禄贞集**（辛亥人物文集丛书）

皮明庥等 编，华中师范大学出版社，1989

**居正文集**（辛亥人物文集丛书）

罗福惠等 编，华中师范大学出版社，1989

**王葆真文集**

民革中央宣传部 编，团结出版社，1989

**范鸿仙**

政协合肥市委员会文史资料委员会 编，安徽人民出版社，1989

**辛亥革命以来名人墨迹**

任学良 主编，浙江美术学院出版社，1990

**戴季陶集**（辛亥人物文集丛书）

章开沅 主编，华中师范大学出版社，1990

**乘桴新获 从戊戌到辛亥**

汤志钧，江苏古籍出版社，1990

**辛亥以来人物传记资料索引**

复旦大学历史系资料室 编著，上海辞书出版社，1990

**辛亥前后史事论丛**

章开沅 著，华中师范大学出版社，1990

**乐山文史资料 第十二辑 辛亥革命专辑**

政协乐山市委员会文史资料委员会 编，1991

**重庆南岸文史资料 第七辑 纪念中国共产党成立七十周年暨纪念辛亥革命八十周年专辑**

政协重庆市南岸区文史资料委员会 编，1991

**重庆文史资料 第三十六辑 重庆辛亥革命八十周年纪念专辑**

政协四川省重庆市委员会文史资料研究委员会 编，1991

**怀沙坪忆当年 续集 庆祝中国共产党建党七十周年暨纪念辛亥革命八十周年**

政协重庆市沙坪坝区委员会文史资料委员会 编，1991

**中卫文史资料 第四辑 热烈庆祝伟大的中国共产党成立七十周年 隆重纪念辛亥革命八十周年**

政协中卫县委员会文史资料委员会，1991

**纪念辛亥革命八十周年专辑 绍兴文史资料选辑 第十一辑**

政协浙江省绍兴县委员会文史资料工作委员会 编，1991

**阳新文史资料 第七辑 庆祝中国共产党成立七十周年 纪念辛亥革命八十周年专辑**

政协阳新县委员会文史资料研究委员会 编，1991

**万县市文史资料 第四辑 纪念中国共产党建党七十周年 纪念辛亥革命八十周年**

政协四川省万县市委员会文史资料研究委员会 编，1991

**荣县文史资料选辑 纪念辛亥革命及荣县独立八十周年专辑 第十辑**

政协四川省荣县委员会文史委员会 编，1991

**内江市东兴区文史资料 第二期 总第十八期 纪念中国共产党成立七十周年 纪念辛亥革命八十周年专辑**

政协四川省内江市东兴区委员会 编，1991

**徐汇文史资料选辑 第八辑 纪念辛亥革命八十周年专辑**

政协上海市徐汇区委员会文史资料工作委员会 编，1991

**辛亥革命在太原 太原文史资料 第十六辑 纪念辛亥革命八十周年专辑**

政协山西省太原市委员会文史资料研究委员会 编，1991

**辛亥革命在各地 纪念辛亥革命八十周年**

政协全国委员会文史资料研究委员会 编，中国文史出版社，1991

**浏阳文史 第十辑 纪念辛亥革命八十周年专辑**

政协浏阳县委员会文史资料研究委员会 编，1991

**连云港市文史资料 第八辑 纪念辛亥革命八十周年专辑**

政协连云港市委员会文史资料研究委员会 编，1991

**吴县文史资料 第八辑 纪念中国共产党成立70周年 辛亥革命80周年 太平天国140周年专辑**

政协江苏省吴县委员会文史资料研究委员会 编，1991

**辛亥革命中常德风云人物 常德文史 第三辑**

政协湖南省常德市委员会文史资料研究委员会 编，1991

**湖北文史资料 纪念辛亥革命八十周年 一九九一年第一辑（总第三十四辑）**

政协湖北省委员会文史资料研究委员会 编，1991

**辛亥革命与蕲春 纪念辛亥革命八十周年专辑 蕲春文史资料 第四辑**

政协湖北省蕲春县委员会文史资料研究委员会 编，1991

**安襄郧荆军革命纪实 纪念辛亥革命八十周年专辑**

政协湖北省荆门市委员会文史资料研究委员会 编，1991

**黄州文史资料 总第五辑 纪念辛亥革命八十周年专辑**

政协湖北省黄州市委员会文史资料研究委员会 编，1991

**广水文史资料 第六辑 辛亥革命应山风云录**

政协湖北省广水市委员会文史资料研究委员会，1991

**洛阳文史资料 第十一辑 纪念辛亥革命八十周年专辑**

政协河南省洛阳市委员会文史资料研究委员会，1991

**石家庄文史资料 第十二辑 辛亥革命暨吴禄贞殉难八十周年纪念专集**

政协河北省石家庄委员会文史资料研究委员会，1991

**汉川文史资料 第五辑 纪念辛亥革命八十周年专辑**

政协汉川县委员会文史资料研究委员会 编，1991

**梅县文史资料 第二十辑 纪念辛亥革命八十周年史料专辑**

政协广东省梅县委员会文史资料研究委员会，1991

**漳州文史资料 第十五辑 纪念辛亥革命八十周年专辑**

政协福建省漳州市委员会文史资料研究委员会 编，1991

**厦门文史资料 第十八辑 纪念辛亥革命八十周年**

政协福建省厦门市委员会文史资料研究委员会 编，1991

**长沙文史资料 第十一辑 纪念辛亥革命八十周年专辑**

政协长沙市委员会文史资料研究委员会 编，1991

**梅州文史 第五辑 纪念辛亥革命 80 周年太平天国 140 周年专辑**

政协广东省梅州市文史资料研究委员会 编，1991

**纪念辛亥革命八十周年文集 浙江文史资料特辑**

政协浙江省文史资料委员会祖国统一联谊委员会 民革浙江省委孙中山研究学会，1991

**运城文史资料 第十四辑 纪念辛亥革命八十周年专辑**

政协运城市委员会文史资料研究委员会 编，1991

**云岩文史资料选辑 第九辑 纪念辛亥革命八十周年**

政协贵阳市云岩区委员会文史资料研究委员会 编，1991

**宜宾文史 总第十九辑 辛亥革命八十周年纪念专辑**

政协四川省宜宾市委员会文史资料研究委员会 编，1991

**宣汉文史资料 第一集**

政协宣汉县文史资料编辑委员会 编，1991

**宁波光复前后 纪念辛亥革命八十周年专辑**

政协宁波市暨各县（市）区文史资料委员会 合编，1991

**辛亥革命先烈赵伯先 丹徒文史资料第六辑**

政协丹徒县文史资料研究委员会 编，1991

**资产阶级与辛亥革命**

林增平 著，湖南出版社，1991

**辛亥革命史研究备要**

林增平等 主编，湖南出版社，1991

**辛亥革命运动史**

林家有 主编，中山大学出版社，1991

**共和国的追求与挫折——辛亥革命**

林家有等 编，文物出版社，1991

**辛亥革命的前前后后**

金冲及 著，中国文史出版社，1991

**莱州文史资料 第五辑 纪念辛亥革命八十周年专辑**

莱州市政协文史资料委员会《莱州文史资料》编辑部 编，1991

**长治市文史资料 第九辑 纪念中国共产党成立七十周年 纪念辛亥革命八十周年**

长治市政协文史处 编，1991

**烟台文史资料 第十四辑 纪念辛亥革命八十周年专辑**

政协烟台市文史资料委员会《烟台文史资料》编辑部 编，1991

**双流文史资料选辑 第九辑**

政协四川省双流县委员会文史资料研究委员会，1991

**辛亥革命时期新式商人社团研究**

朱英 著，中国人民大学出版社，1991

**国外中国近代史研究 第十八辑 辛亥革命八十周年纪念专辑**

中国社会科学院近代史研究所《国外中国近代史研究》编辑部编，中国社会科学出版社，1991

**陕西辛亥革命**

孙志亮 张应超 著，政协陕西省委员会文史资料研究委员会编写组 编，陕西人民出版社，1991

**武昌首义 纪念辛亥革命八十周年专辑**

武昌首义编委会 编，中国文史出版社，1991

**辛亥革命与大陆浪人**

赵军 译，中国大百科全书出版社，1991

**辛亥革命辞典**

章开沅 主编，武汉出版社，1991

**国内外辛亥革命史研究综览**

章开沅等 编著，湖北教育出版社，1991

**辛亥革命与近代中国 1980—1989 年论文选**

武昌辛亥革命研究中心 编，湖北人民出版社，1991

**孙中山与辛亥革命**

孙占元 主编，山东人民出版社，1991

**辛亥革命在山东 纪念辛亥革命八十周年 山东文史资料选辑第三十一辑**

政协山东省文史资料研究委员会 编，山东人民出版社，1991

**辛亥革命研究一览**

李喜所 凌东夫 主编，天津教育出版社，1991

**辛亥革命史稿 第三卷 1911 年的大起义**

金冲及 胡绳武 著，上海人民出版社，1991

**辛亥革命与中国近代思想文化**

胡伟希 编，中国人民大学出版社，1991

**辛亥革命史稿 第四卷 革命的成功与失败**

胡绳武 金冲及 著，上海人民出版社，1991

**辛亥革命与孙中山**

广东省社会科学院孙中山研究所 编，广东人民出版社，1991

**辛亥革命时期的华侨**

杜永镇 著，中国华侨出版社，1991

**辛亥革命与广东 广东文史资料第六十八辑**

丁身尊 主编 政协广东省委员会文史资料研究委员会 编，广东人民出版社，1991

**山西辛亥革命史**

刘存善 编著，山西人民出版社，1991

**刘揆一集 辛亥人物文集丛书**

刘揆一 著 饶怀民 编，华中师范大学出版社，1991

**辛亥江苏光复 江苏文史资料 第四十辑**

刘晓宁 编辑，1991

**黑血·金鼓——辛亥前后湖北报刊史事长编**

刘望龄 著，湖北教育出版社，1991

**辛亥风云人物钩奇**

刘泱泱等 著，湖南文艺出版社，1991

**辛亥人物碑传集**

卞孝萱 唐文权 编，团结出版社，1991

**戴季陶辛亥文集 一九〇九～一九一三**

戴季陶 著，香港中文大学出版社，1991

**辛亥第一枪 清末四川反正诛杀赵尔丰纪略**

汪永 著，西南交通大学出版社，1991

**辛亥首义**

王伯彦等 主编，新华出版社，1991

**辛亥革命在江西**

江西省政协文史办 编，江西人民出版社，1991

**辛亥革命史地图集**

辛亥革命武昌起义纪念馆 编著，中国地图出版社，1991

**辛亥四川风雷**

政协四川省成都市委员会文史资料研究委员会 编，成都出版社，1991

**云南辛亥革命史**

云南省历史学会 云南省中国近代史研究会 编，云南大学出版社，1991

**辛亥宜昌风云 宜昌县文史资料 第六辑**

政协湖北省宜昌县委员会文史资料研究委员会 编，1991

**吴江文史资料 第十一辑 纪念专辑**

政协江苏省吴江县委员会文史资料研究委员会 编，1991

**鄄城文史资料 第四辑 纪念辛亥革命八十周年**

政协鄄城县文史资料研究委员会 编，1991

**辛亥革命在沈阳 纪念辛亥革命八十周年**

沈阳市档案馆 编，沈阳出版社，1991

**辛亥革命在云南 云南文史资料选辑 第四十一辑**

政协云南省委员会文史资料研究委员会 编，云南人民出版社，1991

**辛亥风云与近代中国**

中南地区辛亥革命史研究会 武昌辛亥革命研究中心 编，贵州人民出版社，1991

**福建文史资料 第二十七辑 纪念辛亥福建光复八十周年**

政协福建省委员会文史资料研究委员会 编，1991

**辛亥革命在山东 纪念辛亥革命八十周年 山东文史资料选辑 第三十一辑**

山东省政协文史资料研究委员会 编，山东人民出版社，1991

**辛亥革命在桂林 桂林文史资料 第十六辑**

政协桂林市文史资料研究委员会 编，漓江出版社，1991

**山西文史资料 一九九一年第四、五期 辛亥革命在山西 纪念辛亥革命八十周年专辑**

政协山西省委员会文史资料研究委员会 编，1991

**黄兴画册**

辛亥革命武昌起义纪念馆 编，湖北教育出版社，1991

**辛亥滦州起义 滦县文史资料 第七辑**

政协河北省滦县委员会文史资料研究委员会 编，1991

**福鼎文史资料 福鼎县纪念辛亥革命八十周年专辑**

政协福建省福鼎县委员会文史编纂委员会 编，1991

**辛亥滦州起义 唐山文史资料 第十辑**

政协唐山市委员会文史资料研究委员会 编，1991

**辛亥革命史丛刊 第八辑**

中南地区辛亥革命史研究会 武昌辛亥革命研究中心 编，中华书局，1991

**辛亥革命时期桃源人物集 桃源文史 第三辑**

政协湖南省桃源县委员会文史资料研究委员会 编，国际展望出版社，1991

**辛亥革命与四川社会**

隗瀛涛等 主编，成都出版社，1991

**广西文史资料选辑 总第三十四辑**

政协广西壮族自治区委员会文史资料委员会 编，1992

**民元北伐固宿之战 垓下沧桑 第四辑 纪念辛亥革命固宿之战八十周年**

政协安徽省固镇县委员会学习文史委员会，1992

**洪湖文史 第七辑 纪念辛亥革命八十周年专辑**

政协洪湖市委员会文史资料委员会，1992

**嵊县文史资料 第八辑 辛亥革命史料续编**

嵊县政协文史资料委员会 编，1992

**刘揆一与辛亥革命**

饶怀民 著，岳麓书社，1992

**辛亥革命与民族问题**

林家有 著，中山大学出版社，1992

**安徽辛亥革命论文选**

安徽省政协文史资料委员会 编，1992

**共和国的追求与挫折——辛亥革命与中华民国的成立**

周佳荣 林启彦 著，商务印书馆，1992

**辛亥革命前后的资州——资中县纪念辛亥革命八十周年专辑 资中文史资料选辑 第十四辑**

政治四川省资中县委员会文史资料委员会 编，1992

**绵阳市文史资料选刊 第八辑**

政协绵阳市委员会文史资料研究委员会 编，1992

**辛亥革命前后的焦易堂先生 咸阳文史资料第六辑 武功文史资料第四辑**

政协陕西省咸阳市委员会 武功县委员会文史资料委员会 编，1992

**辛亥英杰张恭传**

严朴 宋瑞楠 著，贵州人民出版社，1992

**辛亥革命在枣庄**

政协枣庄市委员会文史资料委员会 编，1992

**沪军都督 辛亥革命中的陈英士**

姚凡 著，上海文艺出版社，1992

**辛亥演义**

王质玉 著，文化艺术出版社，1992

**辛亥革命在贵州**

肖先治等 主编，贵州人民出版社，1992

**辛亥革命与中国近代思想文化**

胡伟希 编，中国人民大学出版社，1992

**辛亥革命的故事**

葛子厚，明天出版社，1992

**辛亥革命名诗名联八百首**

马玉卿等 编，陕西人民教育出版社，1992

**史海抔浪集 陈独秀并辛亥革命问题研究**

张湘炳 著，天津社会科学院出版社，1993

**辛亥革命与近代中国**

赵杰 主编，江苏人民出版社，1993

**辛亥革命与中国社会发展道路**

章开沅 罗福惠 主编，湖北人民出版社，1993

**孙中山与辛亥革命**

沈渭滨 著，上海人民出版社，1993

**辛亥革命史论文集**

广东省孙中山研究会 广东省民国史研究会 编，广东人民出版社，1993

**辛亥风云——资产阶级革命派的浮沉**

史革新 著，福建人民出版社，1993

**辛亥风云**（中华百年史丛书）

吴廷桢 主编，甘肃教育出版社，1993

**辛亥革命在岭东**

房学嘉 著，暨南大学出版社，1993

**辛亥风云人物**

张海鹏 徐辉琪 编著，福建教育出版社，1993

**辛亥革命人物像传**

辛亥革命武昌起义纪念馆 编著，武汉大学出版社，1993

**荣县首义与辛亥革命**

曾绍敏等 主编，成都出版社，1994

**辛亥革命研究及其它**
辛亥革命武昌起义纪念馆 编，武汉大学出版社，1994

**莱海招抗捐运动与辛亥革命**
刘同钧 董礼刚 主编，北京理工大学出版社，1994

**日本财界与辛亥革命**
李廷江 著，中国社会科学出版社，1994

**中华骄子 辛亥烈士**
张国祥 主编，龙门书局，1994

**辛亥元勋黄明堂**
肖定吉 著，接力出版社，1994

**民声——辛亥时论选**
胡伟希 编选，辽宁人民出版社，1994

**辛亥以来人物年里录**
邵延淼 主编，江苏教育出版社，1994

**辛亥名宿王和顺**
韦纬组 著，接力出版社，1994

**辛亥革命与近代中国：纪念辛亥革命80周年国际学术讨论会文集**
中华书局编辑部 编，中华书局，1994

**光绪朝朱批奏折 第一一八辑 反清斗争义和团辛亥革命秘密结社**
中国第一历史档案馆 编，中华书局，1995

**辛亥革命先驱曹亚伯——纪念曹亚伯先生诞辰一百二十周年 黄石文史资料 第十九期**
政协黄石市学习 文史资料委员会 编，1995

**共和再现 云南辛亥起义和护国首义**
云南人民革命斗争史丛书编委会，云南人民出版社，1995

**中华人物故事全书 辛亥先驱卷 近现代部分 普通本**
中国少年儿童出版社，1995

**孙中山与辛亥革命**
王凌云 编著，中国国际广播出版社，1996

**辛亥革命新论**
刘泱泱 主编 郭汉民 田伏隆 副主编，湖南出版社，1996

**孙中山和辛亥革命**
金冲及 著，广东人民出版社，1996

**近代史两种 陈旭麓文集 第一卷**
陈旭麓 著，华东师范大学出版社，1996

**挽陈其美先生楹联辑**
刘作忠 编注，武汉测绘科技大学出版社，1996

**辛亥前后史事论丛续编**
章开沅 著，华中师范大学出版社，1996

**辛亥革命稀见史料汇编**
阳海清等 编，中华全国图书馆文献缩微复制中心，1997

**中华民国开国法制史——辛亥革命法律制度研究**
邱远猷 张希坡 著，首都师范大学出版社，1997

**中国近代史通鉴（1840—1949）5 辛亥革命**
戴逸 主编，红旗出版社，1997

**辛亥镇江将军录 江苏文史资料第一〇三辑 镇江文史资料第三十辑**
江苏文史资料编辑部，1997

**齐鲁辛亥英烈**

李宏生等 主编，济南出版社，1997

**辛亥烈士诗文选译**

李晓菊，巴蜀书社，1997

**辛亥革命史丛刊 第九辑**

中南地区辛亥革命史研究会 武昌辛亥革命研究中心 编，中华书局，1997

**新世纪共和 辛亥革命**

周新国 丁慧超 著，江苏人民出版社，1998

**嬗变——辛亥革命时期至五四时期的中国文学**

刘纳 著，中国社会科学出版社，1998

**辛亥革命秘史**

刘秉荣 著，群众出版社，1998

**话说辛亥革命**

李书卿等 编写，中国少年儿童出版社，1998

**世纪之门**

马昭 著，云南人民出版社，1998

**太平天国和辛亥革命的故事**

陈雄章 编，中共党史出版社，1999

**辛亥革命**

中国史学会 主编，上海人民出版社 上海书店出版社，2000

**辛亥革命时期中日外交史**

俞辛焞 著，天津人民出版社，2000

**辛亥革命稀见史料续编**

阳海清等 编，中华全国图书馆文献缩微复制中心，2000

**辛亥革命论文集**

吴讱 著，南京师范大学出版社，2000

**从辛亥革命到北伐战争**

全国政协文史资料委员会 编，安徽人民出版社，2000

**辛亥革命与近代中国社会变迁**

朱英 主编，华中师范大学出版社，2001

**福州文史资料选辑 第二十辑 庆祝中国共产党成立八十周年纪念辛亥革命九十周年**

政协福建省福州市委员会文史资料委员会，2001

**温江文史 总第十一辑 纪念辛亥革命暨四川保路运动九十周年专辑**

温江县政协文史资料委员会，2001

**枣阳文史资料 第八辑 百年轶事 纪念辛亥革命九十周年**

枣阳市政协文史资料委员会，2001

**辛亥革命史纲**

张同新 著，广西人民出版社，2001

**杏林文史资料 八 纪念辛亥革命九十周年特辑**

政协厦门市杏林区委员会文史资料委员会，2001

**孙中山研究论集**

徐万民 主编，北京图书馆出版社，2001

**辛亥革命演义**

萧辅国 著，华文出版社，2001

**孙中山与祖国的和平统一：纪念辛亥革命九十周年学术研讨会论文集**

王功安 林家有 主编，中山大学出版社，2001

**辛亥革命与二十世纪中国**

田伏隆等 著，湖南人民出版社，2001

**辛亥革命在湖南**

田伏隆 主编，岳麓书社，2001

**四川大事记**

四川省人民政府参事室 四川文史研究馆 编，四川人民出版社，2001

**山西通史 卷柒 辛亥革命至第二次国内革命战争卷**

雒春普 景占魁等 著 刘泽民等 主编，山西人民出版社，2001

**先父李夔和的生平：纪念辛亥革命九十周年**

李兴潇 李兴藻 著，2001

**共和，1911**

季宇 著，江苏文艺出版社，2001

**辛亥革命与20世纪中国：1990～1999年辛亥革命论文选**

华中师范大学中国近代史研究所 编，湖北人民出版社，2001

**辛亥革命亲历记**

党德信 主编 中国人民政治协商会议全国委员会文史资料委员会 编，中国文史出版社，2001

**昆明文史资料选辑 第三十六辑 辛亥革命昆明重九起义人物专辑**

政协云南省昆明市委员会文史学习委员会，2001

**辛亥首义风云**

周志华 主编，武汉出版社，2001

**孙中山及辛亥人物论丛**

尚明轩 著，东方红书社，2001

**杏林文史资料 八 纪念辛亥革命九十周年特辑**

杨炳坤 主编，2001

**辛亥武昌演义**

王质玉 著，武汉出版社，2001

**辛亥首义红楼**

甘骏 主编，武汉出版社，2001

**一位总督·一座城市·一场革命：张之洞与武汉**

皮明庥 著，武汉出版社，2001

**辛亥革命大写真**

章开沅 主编，湖北美术出版社，2001

**辛亥时期的精英文化研究**

罗福惠 著，华中师范大学出版社，2001

**孙中山与辛亥革命史研究：庆贺陈锡祺先生九十华诞论文集**

陈胜粦 著，中山大学出版社，2001

**孙中山纪念画册**

上海孙中山故居纪念馆 编，上海人民美术出版社，2001

**辛亥革命与20世纪的中国**

中国史学会 编，中央文献出版社，2002

**辛亥革命研究史料目录：1899～1999**

赵慧 涂文学 主编，武汉出版社，2002

**陈其美与辛亥革命**

张学继 著，黑龙江人民出版社，2002

**孙中山与辛亥革命**

徐万民 主编，北京图书馆出版社，2002

**辛亥革命与中国现代化**

政协四川省文史委员会 四川省历史学会 编，四川教育出版社，2002

**孙中山暨辛亥革命研究**

民革云南省委理论政策研究委员会 编，云南美术出版社，2002

**辛亥革命时期货币**

马传德 徐渊 编著 孙戈 译，上海教育出版社，2002

**情系辛亥：纪念辛亥革命九十周年征文获奖作品选**

黄尚建 宋成卫 主编，武汉出版社，2002

**辛亥革命**

胡毅华 徐锋 编著，上海书店出版社，2002

**辛亥革命与中国早期政治现代化**

高燕宁 著，辽海出版社，2002

**辛亥风云在八闽 纪念辛亥革命九十周年论文集**

福建省孙中山研究会 编，福建人民出版社，2002

**孙中山与辛亥革命：纪念辛亥革命九十周年论文集**

纪念辛亥革命周年论文集编委会，江苏古籍出版社，2002

**辛亥革命后的北京满族**

北京市政协文史资料委员会 编，北京出版社，2002

**辛亥革命目击记**

（英）埃德温·丁格尔，中国青年出版社，2002

**晚清经世实学**

冯天瑜 黄长义 著，上海社会科学院出版社，2002

**追寻辛亥**

卜承祖 主编，江苏古籍出版社，2002

**从帝制走向共和：辛亥前后史事发微**

杨天石 著，社科文献出版社，2002

**辛亥革命史丛刊 第十一辑**

章开沅 主编，湖北人民出版社，2002

**辛亥革命北方实录**

胡鄂公 著，缩微品，2002

**辛亥革命与贵州社会变迁**

范同寿 主编，贵州人民出版社，2002

**儿玉花外诗存：一个日本诗人笔下的辛亥革命风云人物纪实**

（日）儿玉花外 原著，重庆出版社，2003

**中国内地及港台地区辛亥革命史论文目录汇编**

严昌洪 主编，武汉出版社，2003

**从百年屈辱到民族复兴（卷二）——北洋外债与辛亥革命的成败**

许毅 主编，经济科学出版社，2003

**吴雁南文集 2 辛亥革命研究**

吴雁南 著，贵州教育出版社，2003

**辛亥革命与中国近代社会**

田伏隆 饶怀民 主编，岳麓书社，2003

**承前启后 继往开来：纪念辛亥革命九十周年 河口起义九十三周年论文集**

李兴华 主编 政协河口瑶族自治县委员会 编，云南大学出版社，2003

**辛亥革命与袁世凯**

黎乃涵 著，全国图书馆文献缩微中心，2003

**辛亥首义史迹**

辛亥首义同志会 编辑，全国图书馆文献缩微中心，2003

**辛亥革命北方实录**

胡鄂公 著，全国图书馆文献缩微中心，2003

**辛亥革命史**

左舜生 编，全国图书馆文献缩微中心，2003

**贵州辛亥人物传稿**

刘毅翔 编著，贵州人民出版社，2003

**刘莘园遗稿 辛亥革命老人**

刘一鸣 龙先绪 整理，贵州人民出版社，2003

**辛亥首义胜迹**

王立 主编，武汉出版社，2003

**辛亥滦州兵谏与滦州起义**

赵润生 马亮宽 著，天津人民出版社，2003

**辛亥革命先驱 国学大师——黄侃传**

叶贤恩 著，中国文史出版社，2004

**辛亥革命与列强态度**

王光祈 译，全国图书馆文献缩微复制中心，2004

**辛亥革命**

盛振华 主编 任志宏 解说，中国国际电视总公司，2004

**辛亥革命与山西**

吉人 著，大众文艺出版社，2004

**辛亥革命史**

高劳 著，缩微品，2004

**辛亥腾越起义诗文录**

腾冲县文联 编，中国文联出版社，2005

**辛亥殉难记**

吴子修 著，缩微品，2005

**齐鲁辛亥风云**

刘晓博 编著，中共党史出版社，2005

**辛亥革命与中国政治发展**

章开沅 严昌洪 主编，华中师范大学出版社，2005

**辛亥革命史丛刊 第十二辑**

章开沅 主编，湖北人民出版社，2005

**张难先文集**

章开沅 主编，华中师范大学出版社，2005

**黄兴与辛亥革命**

萧致治 石彦陶等 著，岳麓书社，2005

**广东文史资料存稿选编 第四卷**

广东省政协学习和文史资料委员会 编，广东人民出版社，2005

**有志竟成 孙中山、辛亥革命与近代中国**（上、下册）

香港中国近代史学会，2006

**孙中山在澳门足迹**

黄世兴 主编，澳门辛亥革命与中山文化研究会，2006

**辛亥年的枪声**

南帆，海峡文艺出版社，2006

**中华英杰谱 卷二十一 辛亥烈士**

王新全 主编，延边大学出版社，2006

**辛亥武昌首义史**

贺觉非 冯天瑜 著，武汉大学出版社，2006

**大同义和团和辛亥革命**

姚斌 著，山西人民出版社，2006

**从百年屈辱到民族复兴 第二卷 北洋外债与辛亥革命的成败**（修订版）

许毅 主编，经济科学出版社，2006

**孙中山与辛亥革命**

沈尧伊 绘 赵薇 文 丙烯组 画，陕西人民美术出版社，2006

**辛亥革命与清末民初社会**

饶怀民 著，中华书局，2006

**辛亥革命与当代中国社会发展**

梁川 主编，宁夏人民出版社，2006

**辛亥黄花岗起义**

广州博物馆 黄花岗起义指挥部旧址纪念馆 编，上海古籍出版社，2006

**辛亥革命史资料新编**

章开沅等 编，湖北人民出版社，2006

**1911—1912：辛亥首义阳夏之战**

陈国安 著，湖北人民出版社，2006

**孙中山与辛亥革命史研究的新审视**

林家有 著，广东教育出版社，2007

**立宪派与辛亥革命**

张朋园 著，吉林出版集团有限责任公司，2007

**危机中的文化抉择 辛亥革命时期国人的中西文化观**

叶瑞昕 著，商务印书馆，2007

**辛亥革命前重要论文**

黄彦 编注，广东人民出版社，2007

**辛亥革命日记**

潘朕凡 著，全国图书馆文献缩微中心，2007

**辛亥风云录**

任光椿 著，漓江出版社，2007

**辛亥革命在伊犁**

新疆社会科学界联合会 主编，新疆人民出版社，2007

**辛亥四川事变之我**

周善培 著，缩微品，2007

**辛亥革命前重要论文**

孙中山 著，广东人民出版社，2007

**辛亥政治革新汇览 第一册**

李毓秦 著，缩微品，2007

**辛亥遗事**

苏胜勇 著，人民文学出版社，2007

**成都文史资料选编 辛亥前后卷**

政协成都市文史学习委员会 编，四川人民出版社，2007

**改良与革命 辛亥革命在两湖**

（美）周锡瑞 著 杨慎之 译，江苏人民出版社，2007

**一九一〇年代的中国**

中国社会科学院近代史研究所民国史研究室 四川师范大学历史文化学院 编，社会科学文献出版社，2007

**辛亥革命与20世纪中国社会**

严昌洪 著，湖北人民出版社，2008

**辛亥革命与民初政治转型**

廖大伟 著，中国社会科学出版社，2008

**民国的故事 公元1911—1920：辛亥革命到直皖战争**

蔡东藩 原著，华夏出版社，2008

**铁血华年 辛亥革命那一枪**

赫连勃勃大王（梅毅）著，华艺出版社，2008

**铁血华年 辛亥革命那一枪**

赫连勃勃大王（梅毅）著，中国戏剧出版社，2008

**两湖地区辛亥革命新论 辛亥革命专题研究丛书**

霍修勇 著 饶怀民 主编，国防科技大学出版社，2008

**江苏辛亥革命研究 辛亥革命专题研究丛书**

王佩良 著 饶怀民 主编，国防科技大学出版社，2008

**中国近代通史 第五卷 新政、立宪与辛亥革命1901—1912**

张海鹏 李细珠 著，江苏人民出版社，2009

**大理文史资料选编 第一辑 辛亥革命护国运动**

苏松林 主编 中国人民政治协商会议大理白族自治州委员会文史和学习委员会 编，云南民族出版社，2009

**传承与新变 明中叶至辛亥革命的物质文明**

刘玉才 编著，北京大学出版社，2009

**倾覆与再建 明中叶至辛亥革命的政治文明**

郭卫东 编著，北京大学出版社，2009

**集成与转型 明中叶至辛亥革命的精神文明**

刘勇强 编著，北京大学出版社，2009

**湖南立宪派研究**

黄俊军 著，国防科技大学出版社，2009

**先行者之歌：辛亥革命时期歌曲 200 首**

陈一萍 编，武汉大学出版社，2009

**湖南保路运动研究**

何智能 著，国防科技大学出版社，2009

**辛亥英雄 尹昌衡**

田闻一 著，四川大学出版社，2009

**辛亥前后上海城市公共空间研究**

翟骏 著，上海辞书出版社，2009

**中山陵：一个现代政治符号的诞生**

陈恭忠 著，社会科学文献出版社，2009

**晚清改革与社会变迁**

中国社会科学院近代史研究所政治史研究室 河北师范大学历史文化学院 编，社会科学文献出版社，2009

**百年中国实录 1911—2009**

徐宪江 主编，中共党史出版社，2010

**辛亥先烈井勿幕先生遗作及纪念文选**

井物幕 著 井晓天 编著，陕西人民出版社，2010

**辛亥革命 那一年的枪响**

元坤 编著，中国广播电视出版社，2010

**列兵毛泽东——辛亥革命时期的新军生活**

吴海勇 著，中央文献出版社，2010

**迷惘的诸侯 后辛亥时代的西南军阀**

江上苇 著，陕西人民出版社，2010

**嬗变 辛亥革命时期至五四时期的中国文学**（修订版）

刘纳 著，中国人民大学出版社，2010

**天变 辛亥革命纪实**

刘秉荣 著，人民日报出版社，2010

**辛亥革命纪实**

李春萱 撰，北京图书馆，2010

**辛亥革命史丛刊 第十四辑**

章开沅 主编，湖北人民出版社，2010

**从辛亥革命到五四运动**（上、下卷）

胡绳武 金冲及 著，山西人民出版社，2010

**李西屏文集 纪念辛亥革命一百周年**

武昌辛亥革命研究中心 编，湖北人民出版社，2010

**刘揆一与辛亥革命**

饶怀民 著 湖湘文库编辑出版委员会，岳麓书社，2010

**这也是一座红楼：辛亥革命武昌起义纪念馆**

王兴科 主编，中国大百科全书出版社，2010

**1945—1949：国共政争与中国命运**

汪朝光 著，社会科学文献出版社，2010

**被“废除不平等条约”遮蔽的北洋修约史（1912—1928）**

唐启华 著，社会科学文献出版社，2010

**革命与反革命 社会文化视野下的民国政治**

王奇生 著，社会科学文献出版社，2010

**民国研究 第十六辑**

张宪文 编，社会科学文献出版社，2010

**孙中山的儒学情结 中华文化的承传与超越**

黄明同 张冰 张树旺等 著，社会科学文献出版社，2010

**绮情楼杂记 一位辛亥报人的民国记忆**

喻血轮 著 眉睫 整理，中国长安出版社，2011

**辛亥革命的百年记忆与诠释**

罗福惠 朱英 主编，华中师范大学出版社，2011

**辛亥：摇晃的中国**

张鸣 著，广西师范大学出版社，2011

**中国1911 辛亥年**

伍立杨 著，春风文艺出版社，2011

**山雨欲来 辛亥革命前的中国**

许纪霖等 著，上海书店出版社，2011

**影像辛亥**（上·晚清社会 下·创立民国）

闵杰 编著，福建教育出版社，2011

**1911年中国大革命**

马勇 著，社会科学文献出版社，2011

**1911**

王树增 著，人民文学出版社，2011

**辛亥演义**

王质玉 著，长江文艺出版社，2011

**辛亥革命风云录**

王雪庵 著，百花文艺出版社，2011

**辛亥大都督尹昌衡**

田闻一 著，上海文艺出版社，2011

**民国就是这么生猛01 辛亥前夜**

雾满拦江 著，江苏文艺出版社，2011

**民国就是这么生猛02 辛亥革命**

雾满拦江 著，江苏文艺出版社，2011

**民国就是这么生猛03 激战北洋**

雾满拦江 著，江苏文艺出版社，2011

**辛亥风云 革命不是闹着玩的**

风唤雀翎 著，武汉出版社，2011

**浩气长存 广州纪念辛亥革命一百周年史料**

广州市政协学习和文史资料委员会 编，广州出版社，2011

**辛亥残梦－帝国崩溃的前夜**

金满楼 著，湖南人民出版社，2011

**辛亥年**

祝勇 著，生活·读书·新知三联书店，2011

**辛亥 国运1911**

龙成武 著，中国民主法制出版社，2011

**辛亥往事 揭开不为人知的辛亥革命真相**

李刚 著，新世界出版社，2011

**辛亥往事 震动中国的小人物大事件**

经盛鸿 著，团结出版社，2011

**喋血南国－辛亥革命在广东**

沈晓敏 倪俊明 著，广东人民出版社，2011

**辛亥百年 铁屋里的大国突围**

廖保平 著，天津社会科学院出版社，2011

**帝制的终结（下）辛亥天变**

胡为雄 著，当代中国出版社，2011

**帝制的终结 简明辛亥革命史**

杨天石 著，岳麓书社，2011

**刘揆一集 辛亥革命百年纪念文库 人物文集系列**

饶怀民 编，华中师范大学出版社，2011

**卢作孚集 辛亥革命百年纪念文库人物文集系列**

凌耀伦 熊甫 编，华中师范大学出版社，2011

**辛亥革命与中国政治发展 辛亥革命百年纪念文库 学术研究系列**

章开沅 严昌洪 主编，华中师范大学出版社，2011

**辛亥革命与近代中国社会变迁 辛亥革命百年纪念文库 学术研究系列**

朱英 主编，华中师范大学出版社，2011

**辛亥革命时期的精英文化研究 辛亥革命百年纪念文库 学术研究系列**

罗福惠 著，华中师范大学出版社，2011

**辛亥革命时期苏州商会研究 辛亥革命百年纪念文库 学术研究系列**

马敏 朱英 著，华中师范大学出版社，2011

**过渡形态：中国早期资产阶级构成之谜 辛亥革命百年纪念文库 学术研究系列**

马敏 著，华中师范大学出版社，2011

**辛亥革命前后的官绅商学 辛亥革命百年纪念文库 学术研究系列**

章开沅 马敏 朱英 主编，华中师范大学出版社，2011

**百年辛亥 亲历者的私人记录 上册**

傅国涌 著，东方出版社，2011

**百年辛亥 亲历者的私人记录 下册**

傅国涌 著，东方出版社，2011

**建国方略 民国立国方案**

孙中山 著，中国长安出版社，2011

**辛亥前夜 大清帝国最后十年**

李刚 著，黄山书社，2011

**辛亥江南**

鞠建林 张燕 主编，红旗出版社，2011

**孙中山·辛亥革命研究回顾与前瞻高峰论坛纪实**

中国孙中山研究会 孙中山故居纪念馆 编，社会科学文献出版社，2011

**革命到底是干吗？1911，辛亥！辛亥！**

张永久 著，天津社会科学院出版社，2011

**纸年轮 民国以来百年中国私人读本**

张冠生 著，广西师范大学出版社，2011

**壹玖壹壹 从鸦片战争到军阀混战的百年影像史**

刘香成 编著，世界图书出版公司，2011

**辛亥革命始末**

张程 著，红旗出版社，2011

**风雨欲来——重绘辛亥革命历史地图**

郭钦 著，湖南人民出版社，2011

**辛亥革命时期的香山社会**

黄鸿钊 编著，社会科学文献出版社，2011

**辛亥革命**

王朝柱 著，中国青年出版社，2011

**辛亥首义史**

冯天瑜 张笃勤 著，湖北人民出版社，2011

**武昌首义——辛亥革命在湖北**

吴剑杰 著，湖北人民出版社，2011

**辛亥：计划外革命 1911 年的民生与民声**

（澳大利亚）雪珥 著，中国画报出版社，2011

**保路风潮——辛亥革命在四川**

鲜于浩 张雪永 著，四川人民出版社，2011

**辛亥革命与中华民族的觉醒**

林家有 著，广东人民出版社，2011

**辛亥赋**

王金铃 著，新华出版社，2011

**辛亥传奇——喋血武昌城**

陈立华 著，暨南大学出版社，2011

**辛亥光焰**

王之 著，人民文学出版社，2011

**辛亥革命研究**

金冲及 著，上海辞书出版社，2011

**高振霄史迹录 辛亥功臣**

高中自 王琪珉 编著，知识产权出版社，2011

**辛亥革命历史地图**

王兴科 主编，中国地图出版社，2011

**革命到底是干吗？1911，辛亥！辛亥！**

张永久 著，天津社会科学院出版社，2011

**证照中国 1911—1949 特殊年代的纸上历史**

许善斌 著，新华出版社，2011

**辛亥革命史话**

张海鹏 邓红洲 著，社会科学文献出版社，2011

**孙中山 辛亥革命研究回顾与前瞻高峰论坛纪实**

中国孙中山研究会 孙中山故居纪念馆 编，社会科学文献出版社，2011

**民国研究 第十七辑**

张宪文 编，社会科学文献出版社，2011

**民国研究 第十八辑**

张宪文 编，社会科学文献出版社，2011

**民国研究 第十九辑**

张宪文 编，社会科学文献出版社，2011

**辛亥革命前后的满族研究 以满汉关系为中心**

常书红 著，社会科学文献出版社，2011

**清末考察政治大臣出洋研究**

陈 丹 著，社会科学文献出版社，2011

**从孔夫子到孙中山 中华文化的传承与弘扬**

孙中山基金会 中国人民大学孔子研究院 中国孔子基金会 编，社会科学文献出版社，2011

**民国社会教育研究**

杨才林 著，社会科学文献出版社，2011

**中国近代史上的激进与保守**

郑大华 邹小站 著，社会科学文献出版社，2011

**清代满汉关系研究**

中国社会科学院近代史研究所政治史研究室 编，社会科学文献出版社，2011

**辛亥革命史话**

张海鹏 邓红洲 著，社会科学文献出版社，2011

**香港史话**

刘蜀永 著，社会科学文献出版社，2011

**中国近代文化思潮**

丁伟志 陈崧 著，社会科学文献出版社，2011

**建国方略**

孙中山 著，中华书局，2011

**武昌首义史话**

严昌洪 严锴 著，长江出版社，2011

**孙中山**

郑大华 著，团结出版社，2011

**廖仲恺**

尚明轩 著，团结出版社，2011

**蔡锷**

谢本书 著，团结出版社，2011

**朱执信**

林家有 著，团结出版社，2011

**蔡元培**

张晓唯 著，团结出版社，2011

**宋教仁**

刘景泉 著，团结出版社，2011

**陶成章**

胡国枢 钱茂竹 著，团结出版社，2011

**黎元洪**

胡 锋 著，团结出版社，2011

**张謇**

章开沅 著，团结出版社，2011

**陈其美**

张学继 著，团结出版社，2011

**汪精卫**

程舒伟 郑瑞峰 著，团结出版社，2011

**杨度**

郭 强 著，团结出版社，2011

**梁启超**

孟祥才 著，团结出版社，2011

**胡汉民**

刘景泉 著，团结出版社，2011

**黄兴**

肖致治 著，团结出版社，2011

**章士钊**

邹小站 著，团结出版社，2011

**章太炎 邹容**

马 勇 著，团结出版社，2011

**秋瑾 徐锡麟**

吴先宁 著，团结出版社，2011

**蒋翊武 刘复基**

周星林 著，团结出版社，2011

**孙武 焦达峰**

刘强伦 著，团结出版社，2011

**居正与辛亥革命：居氏家藏手稿汇编**

居蜜 编，中华书局，2011

**1911 革命与宿命**

赫连勃勃大王（梅毅）著，九州出版社，2011

**孙中山文选**

孙中山 著，九州出版社，2011

**谭延闿大传**

刘建强 著，九州出版社，2011

**孙中山演义**

庄禹梅 著，九州出版社，2011

**中华民国史（1912—1949）**
史鉴 著，九州出版社，2011

**辛亥首义精神通论**
王功安 主编，九州出版社，2011

**黔军风云**
严为礼 顾平 席攀 著，九州出版社，2011

**晚清宫藏辛亥革命档案汇编**
中国第一历史档案馆，九州出版社，2011

**辛亥革命及国民党的分裂－国民党湖北省主席口述实录**
沈云龙 访问 谢文孙 胡耀恒 记录，九州出版社，2011

**癸卯年万岁——1903年革命思潮与革命运动**
严昌洪 许小青 著，华中师范大学出版社，2011

**在纪念辛亥革命100周年大会上的讲话**
胡锦涛，人民出版社，2011

# 台湾出版部分

**武昌两日记**
龚霞初 著，台北中央文物供应社，1946

**辛亥武昌首义记**
台北正中书局，1961

**武昌首义开国规模**
文献编纂委员会，台北中央文物供应社，1961

**辛亥革命与民国建元** 第二册 开国规模
台北正中书局，1962

**辛亥革命与民国建元** 第三册 各省光复 上
台北正中书局 1962

**辛亥革命与民国建元** 第三册 各省光复 中
台北正中书局，1962

**辛亥革命与民国建元** 第三册 各省光复 下
台北正中书局，1963

**辛亥革命与民国建元** 第四册 各省光复
台北正中书局，1963

**辛亥革命与民国建元** 第五册 各省光复
台北正中书局，1963

**辛亥革命与民国建元** 第一册 武昌首义
台北正中书局，1967

**辛亥革命的几个故事**
张知本 讲 张达鑫 记，台北市达昌出版，1967

**辛亥革命史 帝制运动始末记**
高劳 编，台北文海出版社，1967

**辛亥殉难记**

吴庆坻 修，台北成文出版社，1968

**立宪派与辛亥革命**

张朋园 著，台北中国学术著作奖助委员会，1968

**中华民国国父孙逸仙先生 第一册**（上、下）

吴相湘，台湾传记，1968

**辛亥革命始末记**

渤海寿 辑，台北文海出版社，1969

**辛亥革命北方实录**

胡鄂公 著，台北文海出版社，1970

**辛亥武昌首义史编**

熊守晖，台湾中华书局，1971

**晚清革命文学：辛亥革命六十周年纪念**

张玉法 编，台北新知杂志社，1972

**辛亥以后十七年职官年表**

刘寿林 编，台北文海出版社，1974

**辛亥革命回忆录**

谭永年 编，台北文海出版社，1975

**研究中山先生的史料与史学**

黄季陆，中华民国史料研究中心，1975

**辛亥革命史料**

张国淦，台北文海出版社，1976

**四川与辛亥革命**

周开庆，台湾学生书局，1976

**国父孙中山先生传**
傅启学，台北市中央文物供应社，1977

**国父领导国民革命的组织与策略之研究**
林清井，黎明文化事业公司，1977

**宫崎滔天论孙中山与黄兴**
陈鹏仁 译撰，台湾正中书局，1977

**青山青史——连雅堂传**
林文月 著，近代中国（党史会），1978

**启门人——蔡惠如传**
白慈飘 著，近代中国（党史会），1978

**诗人革命家——胡汉民传**
墨人 著，近代中国（党史会），1978

**大湖英烈——罗福星传**
罗秋昭 著，近代中国（党史会），1978

**孝园尊者——戴传贤传**
王更生 著，近代中国（党史会），1978

**辛亥革命文献 第一集**
台北市辛亥武昌首义同志会，1979

**虎门遗恨：朱执信传**
周素珊 撰，近代中国，1979

**秋风秋雨愁煞人——秋瑾传**
周素珊 著，近代中国（党史会），1979

**双杰传——方声洞、林觉民传**
乐军 著，近代中国（党史会），1979

**铲除世界一切障碍之使者——黄兴传**
白慈飘 著，近代中国（党史会），1980

**永远与自然同在——吴稚晖传**
赵淑敏 著，近代中国（党史会），1980

**三湘渔父——宋教仁传**
方祖燊 著，近代中国（党史会），1980

**革命诗僧——苏曼殊传**
唐润钿 著，近代中国（党史会），1980

**一腔热血千行泪——赵声传**
杨宗莹 著，近代中国（党史会），1980

**半哭半笑楼主：于右任传**
张健 撰，近代中国（党史会），1980

**辛亥革命与列强态度**
朱文原，台湾正中书局，1980

**孙中山先生时代思潮的剖析**
林逸，1980

**孙文博士与中国洪门**
张大谋，台湾古梅书局，1980

**孙中山先生与辛亥革命**（全三册）
黄季陆，国史馆，1981

**中华民国建国史讨论集**（中文本 全六册）
近代中国（党史会），1981

**孙中山先生与辛亥革命**
黄季陆等 著，台北县台湾史料研究中心，1981

**辛亥革命画史**

江汉出版社 编，台北文海出版社，1981

**辛亥武昌首义史话**

刁抱石 著，台北畅流半月刊社，1981

**辛亥年四川保路运动史料汇编**

国史馆 编辑，台北国史馆，1981

**国父道德言论类辑**

陈立夫 著，三民，1981

**宫崎滔天书信与年谱：辛亥革命之友的一生**

宫崎滔天 著，台湾商务印书馆，1982

**星、马华人与辛亥革命**

颜清湟 著，台北联经出版事业公司，1982

**鬼神泣壮烈：徐锡麟传**

高岱 著 近代中国，1982

**表率群伦的林子超先生：林森传**

朱西宁 著，近代中国，1982

**菩萨心肠的革命家——居正传**

赵玉明 著，近代中国（党史会），1982

**作狮子吼——陈天华传**

罗宗涛 著，近代中国（党史会），1982

**一代人师——蔡元培传**

黄肇珩 著，近代中国（党史会），1982

**血路——范传甲、倪映典、熊成基三烈士传**

胡秀 著，近代中国（党史会），1982

**革命第一烈士——陆皓东传**

吴东权 著，近代中国（党史会），1982

**九边处处蹄痕——吴禄贞传**

胡玉衡 著，近代中国（党史会），1982

**凛烈万古——彭家珍、杨禹昌、张先培、黄之萌合传**

宣建人 著，近代中国（党史会），1982

**上海的守护神——谢晋元传**

姚晓天 著，近代中国（党史会），1982

**武昌起义的前导——彭楚藩、刘复基、杨宏胜合传**

朱介凡 著，近代中国（党史会），1982

**孙中山先生**

萧光邦，正光，1982

**辛亥革命与列强态度**

王光祈 译，中国国民党中央委员会党史史料编纂委员会，1983

**新译英国政府刊布中国革命蓝皮书**

陈国权 译述，中国国民党党史史料编纂委员会，1983

**辛亥革命研讨会论文集**

台北中研院近代史研究所，1983

**淮上英杰——柏文蔚传**

宣建人 著，近代中国（党史会），1983

**党军师袱——廖仲恺传**

朱星鹤 著，近代中国（党史会），1983

**浩气英风——史坚如传**

吴东权 著，近代中国（党史会），1983

**志同道合：邵元冲，张默君夫妇传**
张健 著，近代中国，1984

**革命女傑：徐宗汉传**
郭晉秀 著，近代中国，1984

**扶颠持危：陈英士传**
查显琳 著，近代中国，1984

**革命二画家——高剑父、潘达微合传**
臧冠华 著，近代中国（党史会），1985

**转战十万里——胡宗南传**
段彩华 著，近代中国，1985

**军学权舆——蒋百里传**
尹雪曼 著，近代中国（党史会），1985

**霹雳行——温生才、林冠慈、陈敬岳、钟明光合传**
邓文来 著，近代中国（党史会），1985

**辛亥殉难记** 六卷
吴自修 撰，台北成文书局，1985

**忠荩垂型——谷正伦传**
童世璋 著，近代中国（党史会），1986

**东北英豪——朱霁青传**
刘心皇 著，近代中国（党史会），1986

**笔雄万夫——叶楚伧传**
刘苹华 著，近代中国（党史会），1986

**改良与革命：辛亥革命在两湖**
周锡瑞，华世，1986

**辛亥革命与南洋华人研讨会论文集**
本书编辑委员会，1986

**中国近代现代史论集** 17－18 辛亥革命
台湾商务印书馆，1986

**青年之神——邹容传**
翟君石 著，近代中国（党史会），1987

**百战黄沙——黄百韬传**
郭嗣汾 著，近代中国（党史会），1987

**淡泊宁静——陈布雷传**
陈约文 著，近代中国（党史会），1987

**中国现代史论集 第三辑 辛亥革命**
张玉法 主编，台北联经出版事业公司，1987

**辛亥革命起因之分析**
李炳南 著，台北三民主义研究所博士硕士论文奖助出版委员会，1987

**国父遗教概要**
张铁君 著，三民，1987

**辛亥革命大事录**
草莽余生 著，台北文海出版社，1988

**孙中山先生革命与香港**
李进轩 著，文史哲，1989

**力挽狂澜的勇者——胡琏传**
廖汀 著，近代中国（党史会），1989

**帝国崩溃的那些事儿 辛亥前夜：大清帝国最后十年**
李刚，典藏阁，1989

**国父孙先生与台湾** 中国现代史史料丛编第一集
张瑞成 编辑，中国国民党中央委员会党史委员会出版，1989

**国父遗教表解**
尹让辙 著，三民，1990

**国父传**
刘中和 编著，益群，1990

**孙中山传奇**
可筑书房，1990

**国父思想**
国父思想教学研讨会 主编，幼狮文化，1990

**国父思想新论**
周世辅 著，三民，1990

**国父传**
胡栢源 改写，大众，1990

**画说中国历史 30 辛亥革命与清朝的覆亡**
台北光复书局，1990

**孙中山轶事**
可筑书房，1990

**辛亥革命与台湾早期抗日运动（西元一九一一～一九一五）**
蒋子骏 著，文史哲，1990

**国父思想**
刘世炜 傅家雄 编著，台湾东华，1990

**辛亥革命与清朝的覆亡（画说中国历史之30）**

光复书局 光复，1990

**辛亥革命与台湾早期抗日运动（西元一九一一～一九一五）**

蒋子骏 著，文史哲，1990

**国父遗教新编**

郭炳昌，千华，1991

**国父思想**

吴寄萍 著，五南，1991

**国父遗教一千题**

张添财，千华，1992

**辛亥革命史论**

张玉法 著，三民，1992

**辛亥革命与列强态度**

朱文原，正中，1992

**辛亥时期北方的革命活动**

林能士，正中，1992

**辛亥革命史论**

张玉法 著，三民，1993

**中华民国宪法与孙中山思想**

朱谌 著，五南，1993

**孙中山**

朱传誉 改写，台湾东方，1993

**孙中山未完成的革命**

张绪心 高理宁 合著 卜大中 译，时报出版，1993

**国父遗教三百题**
邱周刚 编著，1993

**国父传**
庄家 编辑部编著，庄家，1993

**国父进化论之研究**
林胜义 著，正中书局，1993

**国父遗教（三民主义）：赢的策略**
张智圣 著，千华，1994

**孙中山与国民革命**
万仁元 主编，台湾商务，1994

**中华民国宪法：兼述国父思想**
朱谌 著，五南，1994

**国父年谱**
罗家伦 主编，近代中国，1994

**国父传**
世一编辑部 编辑，世一，1994

**国父的故事**
林树岭 主编，金桥，1994

**袁世凯政权与英国：从辛亥革命到洪宪帝制**
黄德福 著，元气斋，1994

**前所未闻的民国趣事：孙中山与辛亥元勋**
朱祥金 王习耕 史振明 编著，普全文化，1994

**国父思想：孙中山先生思想释论与台湾宪政经验**
陈建荣 编著，华立图书，1994

**孙中山**

林鸣仁 编著，启仁，1994

**我在孙中山、张学良、蒋介石身边的日子**

瑞纳 口述 泽勒 记录，周知文化，1994

**国民革命与台湾之关系**

蒋子骏 著，文史哲，1994

**宋庆龄传：从孙中山到毛泽东的革命之路**

伊斯雷尔·爱泼斯坦 著 沉苏儒 译，日臻，1994

**袁世凯政权与英国：从辛亥革命到洪宪帝制**

黄德福 著，元气斋，1994

**前所未闻的民国趣事：孙中山与辛亥元勳**

朱祥金 王习耕 史振明编 著，普全文化，1994

**辛亥革命** 近现代新笔记丛书第二辑

萧乾，台湾商务印书馆股份有限公司，1995

**辛亥革命**

萧乾 主编，台湾商务，1995

**民初风云录：漫谈辛亥元勳革命史**

王习耕 朱祥金 编，汉湘文化，1995

**中国国民党中央委员会党史委员会藏孙中山先生史料目录汇编**

中国国民党中央委员会党史委员会 编印，近代中国，1995

**中华民国宪法与孙中山思想**

朱谌 著，五南，1995

**民初国父两次改组国民党之意义评析**

刘以城 著，幼狮，1995

**辛亥革命**
萧乾 主编，台湾商务印书馆，1995

**民初风云录：漫谈辛亥元勋革命史**
姜昆 编著，台北汉湘文化事业出版公司，1995

**国父建党革命一百周年学术讨论集**
本书编辑委员编，近代中国，1995

**孙中山名言录**
李晔 杜凡一 编，智慧大学，1995

**民初风云录：漫谈辛亥元勋革命史**
王习耕 朱祥金 编，汉湘文化，1995

**孙中山傅：永远的革命者**
邵傅烈 著，克宁，1995

**国父思想精义**
刘世炜 傅家雄 编著，东华，1995

**我的祖父孙中山**
孙穗芳 作，禾马，1995

**国父孙中山先生博学篇**
孙述山 著，睿煜，1995

**孙中山的大学生涯：拥抱祖国、爱情和书的伟人**
庄政 著，中央日报，1995

**共产主义在中国及其变革：回归孙中山先生的民生主义**
朱言明 著，黎明文化，1996

**国父思想**
涂子麟 林金朝 编著，三民，1996

**孙中山思想与当代世界**
郑竹园 主编 张斌 译，编译馆，1996

**国父遗教**
许平和 编著，大华传真，1996

**国父人格及其现代化思想**
江治华 著，编译馆，1996

**国民革命史**
曹世昌 编著，编译馆，1996

**国父思想**
薛荣祥等 编著，文京图书，1996

**国父行谊研究**
汤承业 著，黎明文化，1997

**孙中山与第三国际**
周谷 著，大地，1997

**孙中山先生的民族主义与中国现代化**
史济锽 著，幼狮，1997

**华侨与孙中山先生领导的国民革命学术研讨会论文集**
张希哲 陈三井 主编，国史馆，1997

**孙中山先生与澳门之研究**
郭展礼 著，文化大学，1997

**孙中山先生“内圣外王”思想的继承发展与汇通统贯**
卢国庆 著，扬智，1997

**国父思想**
经观荣 编著，新文京，1997

**国父思想**

黄惟饶 陈文政 编著，今古文化，1997

**国父思想**

廖斗星，崔爱礼 编著，大中国，1997

**海峡两岸孙中山纪念地史料陈列展图集**

曾一士 总编辑，国父纪念馆，1998

**孙中山的治学方法**

张笃勤 著，新视野，1998

**中华当代名家书画作品集：纪念孙中山先生一三三岁诞辰**

曾一士 总编辑 陈鹏仁日文 翻译，国父纪念馆，1998

**袁世凯、孙文与辛亥革命 晚清七十年 伍**

唐德刚 著，台北远流出版事业公司，1998

**孔孟学说与国父思想之比较研究**

黄纪法 著，编译馆，1999

**孙中山先生诞辰纪念：1999 中华当代名家书画作品集**

曾一士 总编辑，国父纪念馆，1999

**清韵雅艺：国立国父纪念馆展览审查委员作品联展**

曾一士 总编辑，国父纪念馆，1999

**孙中山·蔡元培**

蒋永敬 陶英惠 著，台湾商务，1999

**孙中山之宪政思想**

谢政道 著，五南，1999

**孙中山轶事**

石静宜 编，新潮社，1999

自由、平等与民主：约翰弥勒与孙中山的政治思想

李西潭 著，编译馆，1999

国父思想

陆启超 编著，华立图书，1999

孙中山与澳门邮票目录

杨浩 编著，乐群，1999

孙中山思想与德国统一及柬埔寨复兴

吴沧海 著，今古文化，1999

革命之再起：中国国民党改组前对新思潮的回应（1914—1924）

吕芳上 著，中研院近史所，1999

孙中山与美加华侨

刘伟森 著，近代中国，1999

百年家族——张爱玲

冯祖贻 作，立绪，1999

纪念孙中山先生：中华当代名家书画作品集

曾一士 总编辑，国父纪念馆，2000

孙中山与中国革命

蒋永敬 著，国史馆，2000

孙中山在夏威夷：活动和追随者

马兖生 著，近代中国，2000

蔚蓝的天空：国父的故事

杨庆亮 著 莲华普门编辑部 编，曹溪文化，2000

国父传

钟文，2000

**孙中山先生思想初探**

陈鹏仁 著，近代中国，2000

**百年家族——钱穆**

印永清 著，立绪，2001

**百年家族——盛宣怀**

宋路霞 著，立绪，2001

**百年家族——张学良**

李翠莲 著，立绪，2001

**百年家族——顾维钧**

沈潛 著，立绪，2001

**百年家族——袁世凯**

侯宜傑 著，立绪，2001

**百年家族——梅兰芳，李仲明，谭秀英著**

立绪，2001

**百年家族——梁启超**

李喜所 胡志刚 著，立绪，2001

**国民革命军青年军军史**

国防部史政编译局 编纂，史政编译局，2001

**孙中山**

三诚堂出版社编辑部 编，三诚堂，2001

**国父思想：孙中山先生思想释论与台湾宪政经验**

陈建荣 著，华立图书，2001

**国父思想**

蔡先容 编著，千华，2001

**蓝图：孙中山的心灵建构——菁萃系列 007**

张笃勤 著，台北新视野图书，2001

**国父一三六岁诞辰纪念：国父嘉言名家书法作品集**

张炳煌等 作，国父纪念馆，2001

**辛亥革命癡人：李志新**

李志新 编著，世峰，2001

**孙中山与现代中国学术研讨会论文集** 第五届

曾一士 总编辑，国父纪念馆，2002

**国父思想，陆镡渠**

柴在屏 编著，全威图书，2002

**国父的故事**

林树岭 主编，兴杨文化，2002

**美哉国父纪念馆**

曾一士 总编辑，国父纪念馆，2002

**国立国父纪念馆建馆三十周年口述历史**

孙剑秋 总编辑，国父纪念馆，2002

**国父一三七岁诞辰纪念：名家书画作品集**

曾一士 总编辑，国父纪念馆，2002

**孙中山先生思想教材内涵学术化之研究**

黄人杰 著，正中，2002

**国父思想精义**

刘昊洲等 编著，智业文化，2002

**袁氏当国**

唐德刚 作，远流，2002

**百年家族：康有为**
王明德 著，2002

**百年家族——林长民·林徽因**
陈新华 著，立绪，2002

**群星璀璨——民国文坛人物绰号杂谭**
吴十洲 著，远流，2003

**大浪淘尽——民国政坛人物绰号杂谭**
吴十洲 著，远流，2003

**走向共和：满清末代王朝（上、下）**
盛和煜 张建伟 编著，捷幼，2003

**国父思想纲要**
周世辅 编著，三民，2003

**国父思想要义**
周世辅 著 周阳山 修订，三民，2003

**孙中山与现代中国学术研讨会论文集** 第六届
曾一士 总编辑，国父纪念馆，2003

**国父画纪**
曾一士 总编辑，国父纪念馆，2003

**国父思想**
陈世宽 编著，警专，2003

**孙中山思想研究**
王晓波 编著，问津堂，2003

**国父思想**
徐光明 著，东华，2003

**孙中山的故事**

东林 主编，新潮社，2003

**黄埔军校一期研究总成：缅怀黄埔一期 永续 国父勋业**

容鉴光 著，容鉴光，2003

**孙中山思想与国家发展的集成研究：以现代中国的变迁为主体**

黄城 著，钟郡，2003

**宋氏三姊妹：中国近代史三个第一夫人的传奇故事**

陈廷一 作，帝国文化，2003

**百年家族——李鸿章**

宋路露 著，立绪，2004

**孙中山与现代中国学术研讨会论文集** 第七届

曾一士 总编辑，国父纪念馆，2004

**国父思想：中山先生与台湾经验**

李秀华等 编著，高立，2004

**孙中山与宋庆龄**

马再淮 作，华立文化，2004

**孙中山与日本殖民时期台湾政治社会运动学术研讨会论文集**

曾一士 总编辑，国父纪念馆，2005

**文武北洋·枭雄篇**

李洁 著，远流，2005

**文武北洋·风流篇**

李洁 著，远流，2005

**跟我做朋友：国立国父纪念馆 & 阳明山中山楼**

王素函等 撰稿，国父纪念馆，2005

**孙中山与现代中国学术研讨会论文集** 第八届
曾一士 总编辑，国父纪念馆，2005

**立宪派与辛亥革命**
张朋园 著，中研院近史所，2005

**百年家族——冯玉祥**
锺海涛，2006

**这一站：国立国父纪念馆**
罗爱玲 撰稿 曾一士 总编辑，国父纪念馆，2006

**天下为公之孙中山传奇**
狄德荫 总编辑，国父纪念馆，2006

**吾土吾民：孙中山与台湾**
陈立文等 撰稿 曾一士 总编辑，国父纪念馆，2006

**中华大汉书艺协会纪念国父诞辰联展专集**
中华大汉书艺协会编辑委员会 编辑，中华大汉书艺协会，2006

**孙中山先生人文教育思想之研究**
柯大山 著，全垒打文化，2006

**孙中山先生141周年诞辰纪念论文选辑**
曾一士 总编辑，国父纪念馆，2006

**孙中山与现代中国学术研讨会论文集** 第九届
曾一士 总编辑，国父纪念馆，2006

**孙中山**
王寿南 著，台湾商务，2007

**国父思想要义**
周世辅 著 周阳山 修订，三民，2007

**国父社会互助思想之研究**

柯大山 著，全垒打文化，2007

**国父思想**

周世辅 周阳山 著，三民，2007

**孙中山与国家发展学术研讨会论文集 1** 2007 年

曾一士 总编辑，国父纪念馆，2007

**孙中山与台湾**

狄德荫 总编辑，国父纪念馆，2007

**美哉国父纪念馆**

国父纪念馆，2007

**国父纪念馆建馆始末：王大闳的妥协与磨难**

梁铭刚等 著 徐明松 编，国父纪念馆，2007

**青山一发 下，辛亥之路**

（日）陈舜臣 著，远流出版事业股份有限公司，2007

**铁血华年：辛亥革命那一枪**

赫连勃勃大王（梅毅）作，达观，2008

**国父民生史观社会进化思想之研究**

柯大山 著，全垒打文化，2008

**中国近代史：告别帝制**

李喜所 李来容 著，三民，2008

**铁血华年：辛亥革命那一枪**

梅毅 著，达观出版事业有限公司，2008

**革命先行者：孙中山——世纪人物 100 系列**

子鱼 著 简志刚 绘，三民书局，2008

**两岸名家书画邀请展专集：国父孙中山先生诞辰一四四周年纪念**
中华大汉书艺协会编辑委员会 编辑，中华大汉书艺协会，2009

**国父思想**
张铁君 编著，弘扬图书，2009

**少年孙中山**
南宫不凡 著，宇河文化出版有限公司，2009

**中山先生的世界观**
段云章 著，秀威信息，2009

**纪念辛亥革命九十九年之回顾与前瞻学术研讨会论文集**
义守大学，2010

**1911—1912 辛亥首义阳夏之战**
陈国安 作，灵活文化，2010

**辛亥前夜：大清帝国最后十年**
李刚 著，典藏阁，2011

**纪念辛亥壹佰年两岸百家水墨大展**
李奇茂 庄汉生 主编，中华两岸文化艺术基金会，2011

**孙中山与辛亥革命**
蒋永敬 著，台湾商务，2011

**纪念辛亥 100 周年两岸百家水墨大展：国际学术研讨会论文集**
蔡友主编，中华两岸文化艺术基金会，2011

**辛亥传奇：喋血武昌城**
陈立华 著，风云论坛，2011

**辛亥台湾 1911**
王慧芬等 撰文，汉珍，2011

**辛亥革命现场报道：西洋画刊新闻文献选集**

徐宗懋 徐家宁 编著，大块文化，2011

**为天下先：辛亥武昌首义百年纪念专辑**

向榕铮 总编辑，辛亥武昌首义同志会，2011

**民国就是这么生猛 2 辛亥前夜**

雾满拦江 著，普天，2011

**辛亥革命**

刘香成 编著，五南，2011

**辛亥：摇晃的中国**

张鸣 著，联经，2011

**清末民初中国官绅人名录**

田原天南，文海出版社

**清末民初史料丛书**

成文出版社

**袁世凯之祸黔**

刘世杰 编，据民国元年铅字本影印，成文出版社

**民国十年之吴佩孚**

据民国十年铅字本影印，成文出版社

**吴佩孚战史**

得一斋主人 编，据民国十一年铅字本影印，成文出版社

**中国工运之父——马超俊传**

朱慧夫 著，近代中国（党史会）

**民国第一位法学家——王宠惠传**

段彩华 著，近代中国（党史会）

**国父全集** 12 册（增订本）
国父全集编辑委员会，近代中国（党史会）

**国父年谱** 二册（增订本）
近代中国（党史会）

**同盟会的革命理论：“民报”个案研究（专刊五十）**
朱浤源，中央研究院 近代史研究所

**孙中山的治学方法——阅读之旅 1**
张笃勤，新视野

**清末革命与君宪的论争——专刊 19**
亓冰峰，中央研究院 近代史研究所

**历史是个什么玩意儿：袁腾飞说中国史Ⅲ——辛亥革命至国共战争**
袁腾飞，印刻出版有限公司

**中国近代最具影响力之三大人物：孙中山、蒋介石、毛泽东，戴维勋**
秀威信息科技

**孙中山：济世救民的革命家**
王金芬 著，世一文化事业股份有限公司

**孙中山：培养奋斗不懈的品格**
王金芬，世一文化事业股份有限公司